AF589560

FONDEMENT

DU

DROIT HUMAIN;

PAR JEAN-GEORGES GUENTZ.

Hæc societas diligenter et sancté observanda est, quæ nos omnes omnibus miscet et judicat aliquod esse commune Jus Generis Humani.

SENECA. *Epist.* 48.

A PARIS,

Chez H. VERDIÈRE, Libraire, quai des Augustins, n.° 27.

DE L'IMPRIMERIE de Mme. Vve. DUMINIL-LESUEUR, rue de la Harpe, n°. 78.

1811.

INTRODUCTION.

On entend, en général, par le mot de Droit, ce qui conduit d'une chose à une autre, d'une manière directe et par la plus courte voie.

Il est un droit au physique, il est un droit au moral. Chacun sait parfaitement ce que c'est qu'un corps droit, ou des corps disposés en ligne droite; ce que c'est qu'un chemin droit: et si nous n'avons pas du droit, pris au moral ou au figuré, duquel seul il s'agit ici, une idée aussi familière et aussi sensible, du moins est-il des données qui le signalent d'une manière certaine.

D'abord l'on ne fera pas de difficulté de reconnaître que le droit moral n'est ainsi nommé, que parce qu'il se compose d'actions morales, c'est-à-dire, de choses que l'on peut faire ou omettre volontairement : je dis que l'on peut faire ou omettre, et non pas que l'on fait ou que l'on omet : car il est des actions volontaires qui n'appartiennent point à la ligne du droit ; mais qui au contraire en sont des déviations : c'est encore là un point reconnu.

De cette ligne du droit moral, on connaît aussi les extrémités. Le point d'arrivée en est nécessairement le bonheur ; la volonté ne pouvant se mouvoir que vers ce but. Le point de départ, c'est le pouvoir naturel que l'on a de faire ou de ne pas faire volontairement des choses.

Si, partant de ces données incontestables, nous examinons quels sont sur la terre les êtres pour qui il existe un droit moral, nous n'hésiterons pas de dire que ce sont tous les êtres sensibles, tous les animaux sans exception. Chacun de ces êtres est doué de la faculté de vouloir ; chacun veut invariablement son bonheur ; chacun possède naturellement des puissances opératives, dont la volonté dispose à son gré; et chacun exerce ces puissances bien ou mal pour son bonheur, selon que le jugement qui dirige sa volonté, est vrai ou faux, bon ou mauvais.

Mais il est une grande différence entre le droit des hommes et le droit des autres animaux. Le droit des bêtes n'est qu'un droit économique; tandis que le droit des hommes est, de plus, un droit politique. Pour être économique, il suffit que le droit soit composé d'actions assorties au bonheur; et les actions formant le droit des bêtes, sont de cette nature, sans quoi elles ne sauraient être les élémens de leur droit. Il en est de même des actions composant le droit des hommes : ce droit est également économique.

La police ou policie, que je refuse au droit des bêtes, et d'où l'on a formé le mot de politique, signifie en général, accord, concert, harmonie, concordance, et s'applique exclusivement aux actions du droit. Je dis donc que la policie est étrangère au droit des bêtes, parce que chez ces animaux, le droit est en opposition, non seulement d'une espèce à l'autre, mais encore, dans la même espèce, d'un individu à un autre individu ; tandis qu'il en est différemment chez les hommes. Loin qu'il y ait de la contrariété entre les divers individus sous ce point de vue, les actions qui composent le droit de l'un, sont des actions amies et auxiliatrices, par rapport au droit des autres.

Cette double assertion sera démontrée dans le corps de cet ouvrage, et ne peut l'être que là. Cependant le lecteur n'attend point le succès de mes preuves, pour avoir la conviction de l'harmonie et du concert qui peuvent et doivent régner parmi les hommes pratiquant chacun son droit. C'est encore là un point reconnu. Ce n'est que pour cette raison que l'on regarde et qu'on a toujours regardé l'homme comme un animal politique.

Il est sans doute une cause de cette diversité du droit des bêtes et du droit des hommes, et cette cause doit se trouver dans le fondement même du droit des unes et du droit des autres.

Le fondement du droit de tout animal est, de toute nécessité, dans sa volonté du bonheur; volonté qui renferme celle de faire ce qui conduit à cette fin; volonté, par conséquent, qui détermine celles des actions qui constituent le droit de chacun d'eux. Voilà ce que les bêtes et les hommes ont de commun. Ce qui différencie le droit des unes et des autres, tient principalement à la faculté d'imaginer qu'ont les hommes, et dont les bêtes sont dépourvues. Les bêtes n'envisagent les choses que comme elles les jugent; tandis que par son imagination, l'homme les envisage encore d'autres manières; et par ce moyen, il est capable d'agir d'une façon particulière et exclusive. Il n'est donc pas étonnant que son droit, implicitement déterminé par la volonté du bonheur, soit d'une nature essentiellement différente de celui de la brute, dont la volonté ne peut embrasser les mêmes moyens d'exécution.

Mon dessein est donc d'établir : 1°. qu'il existe un contrat implicitement formé, qui unit tous les hommes en une seule et même corporation sociale, pour l'affaire du bonheur de chacun d'eux; ce qui n'a pas lieu par rapport aux bêtes. 2°. Que le contrat de société dont s'agit est le vrai et unique fondement du Droit Humain, n'y ayant pas d'autre droit pour les hommes, que l'exécution commune de ce contrat.

FONDEMENT

FONDEMENT
DU
DROIT HUMAIN.

PREMIÈRE PARTIE.

IL EXISTE UN CONTRAT QUI UNIT TOUS LES HOMMES EN UNE SEULE ET MÊME SOCIÉTÉ PERMANENTE, POUR L'AFFAIRE DU BONHEUR DE CHACUN D'EUX.

L'ON n'a pas encore supposé sérieusement que les hommes aient jamais existé dans un état de parfait isolement, pour l'affaire de leur bonheur. J'entends par cet état, celui où chacun, occupé de son intérêt personnel, ne ferait jamais rien en vue du bien-être d'un autre, et n'éprouverait de la part de qui que ce soit aucun effet de sa bienveillance. Le moins que l'on ait fait à cet égard, a été de considérer le genre humain comme divisé en corporations de familles;

et il est de l'essence de ces sociétés, que chacun de ses membres contribue de son industrie au bien-être commun.

L'insuffisance de cette première hypothèse fut bientôt reconnue. L'on a senti la nécessité de corporations plus étendues, et qui ne pouvaient être que des associations d'une pluralité de familles. A ces associations, l'on a donné le nom d'états, de républiques, de cités, et plus généralement celui de sociétés ou de corporations civiles.

Parvenu à ce point, l'esprit humain est resté long-temps stationnaire. Avant Zénon de Citium, fondateur de la secte stoïcienne, les peuples se regardaient comme étrangers les uns aux autres, et même comme naturellement ennemis. La langue des Romains n'avait que ce seul terme, *hostis*, pour désigner, soit un ennemi, soit un étranger. Les vertus que Socrate enseignait, n'étaient que des vertus domestiques et des vertus civiles. Cicéron admire et relève beaucoup cette maxime de Platon, disciple de Socrate, qui dit : *Que nous ne sommes pas nés seulement pour nous-mêmes, mais encore pour notre patrie, pour nos parens et pour nos autres amis.* Mais par cette extension même que

Platon donne à nos devoirs, il insinue que les étrangers en sont exclus. La morale d'Aristote, disciple de Platon, est écrite dans le même sens. Au jugement de Barbeyrac, *elle roule uniquement sur les devoirs des citoyens, et ne contient pas les devoirs de l'homme en général; on n'y trouve pas un seul mot des lois du droit naturel, qui ont lieu entre les citoyens de divers états, ou entre ceux qui ne sont membres d'aucune société civile.* Il ajoute que, dans sa Politique, Aristote semble dire assez clairement, *que toutes les nations qui n'ont point fait de traité ensemble, sont en état de guerre les unes par rapport aux autres.*

Zénon entreprit de changer cet état des choses, et de faire faire à la morale un nouveau pas. Au lieu de dire avec Platon que nous ne sommes pas nés seulement pour nous-mêmes, mais encore pour notre patrie, pour nos parens, pour nos autres amis, il prit pour maxime, *que nous sommes nés, non chacun pour soi, mais pour la société humaine.* Par-là, ce philosophe fait voir la nécessité qu'il y a d'ajouter aux vertus domestiques et aux vertus civiles, des vertus philantropiques.

La sublimité de cette doctrine nouvelle a frappé les esprits. Non seulement la secte stoïcienne fut nombreuse, mais encore elle s'est perpétuée jusqu'à nos jours, du moins sous le point de vue de son principe fondamental. Des philosophes étrangers à cette secte, tel que Cicéron, l'ont embrassée. Barbeyrac remarque que la plupart des jurisconsultes Romains, dont les décisions forment le Digeste, ont été stoïciens; et parmi les auteurs modernes qui ont écrit sur la morale et le droit, il n'en est point qui n'envisagent les hommes comme unis en une seule et même société générale, dont Zénon, le premier, enseigna l'existence.

Cela posé, pourrait-on me dire, c'est peine perdue que de vouloir prouver qu'il existe un contrat général de société entre les hommes; car, comme on ne conçoit pas de société sans acte d'association volontaire par ses membres, du moment qu'on reconnait unanimement qu'il existe une société générale parmi les hommes, on reconnait aussi qu'il existe un contrat qui sert de base à cette société. Et cependant, il n'en est pas ainsi; car loin de reconnaître un pareil traité, les stoïciens, tant modernes qu'anciens, supposent que la société humaine est une chose purement naturelle et indépendante de tout fait humain. Il n'y a donc rien dans l'enseignement établi, qui puisse me dispenser de démontrer la positivité de la société humaine, ni même son existence : car cette existence, nos auteurs l'admettent encore sans preuve, et par un pur effet de l'instinct moral.

Mais pour établir la réalité d'un pacte social, implicitement formé entre tous les hommes, et les hommes seuls, je dois puiser mes moyens de démonstration dans la nature des hommes ; dans la nature des animaux, parce que les hommes sont des animaux ; dans la nature des végétaux, parce que les animaux sont des êtres végétans ; et jusque dans la nature générale des corps, parce que les êtres végétans sont des corps. Je dois donc traiter de toutes ces choses, au moins d'une manière sommaire et propre au but que je me propose.

CHAPITRE PREMIER.

Des Corps en général.

Les corps sont des substances dans lesquelles résident diverses facultés, dont l'exercice constitue ce que l'on nomme des actes. Substance et lieu propre sont des expressions synonymes : il en est de même des termes de faculté et de puissance.

Nous ne connaissons la substance et les facultés des corps, que par leurs actes.

Il est de la nature de tout acte d'être quelque chose qui arrive et qui a lieu passagèrement; d'où il suit que tout acte est un effet, rien ne pouvant arriver sans cause. Il suit de là encore, que tout acte est nécessaire, étant impossible qu'un effet n'ait pas lieu, quand sa cause existe; un événement ou un fait contingent est celui que l'on envisage, abstraction faite de ce qui le produit actuellement.

Tout événement peut être envisagé sous deux points de vue opposés, ou dans l'être qui le produit, ou dans l'être qui l'éprouve;

d'où il suit que tout acte est une action ou une passion ; car agir, c'est produire ou causer quelque chose ; et pâtir, c'est éprouver ou souffrir quelque chose.

Action et passion, sont des choses corrélatives, et dont l'une ne saurait exister sans l'autre. En effet, il est impossible qu'il y ait quelque chose de produit, s'il n'y a rien d'éprouvé ; ni que quelque chose soit éprouvé, s'il n'y a rien de produit.

Ce qui arrive est un changement opéré, ou un changement empêché, c'est-à-dire, une mutation ou une conservation. Je place la conservation parmi les événemens, de même que la mutation ; car elle est aussi l'effet de quelque cause. Il suit de là que toute action est mutatrice ou conservatrice ; mais avec cette différence, que toute action est mutatrice par sa nature, et conservatrice par accident seulement. Une action isolée produit toujours un changement ; deux actions simultanées dans le même sens, produisent un changement égal à la somme de leurs forces ; deux actions simultanées en sens opposé et inégal, produisent un changement égal à l'excès des forces de l'une sur l'autre ; et il n'y a que deux actions simultanées, égales en forces et en sens inverse, qui puissent produire un équilibre, c'est-à-dire, une conservation.

Autant il y a de sortes de changemens qui puissent être produits, autant il y a de sortes d'actions : les actions qui ne diffèrent point quant à l'espèce, sont dites être de la même loi, soit qu'elles appartiennent au même corps, soit qu'elles appartiennent à des corps différens.

Les actes considérés dans les corps, antérieurement à leur formation et seulement comme y étant passibles, prennent le nom de facultés ou de puissances; d'où il suit, qu'autant il y a de sortes d'actes, autant il y a de sortes de puissances. Quant aux actes qui appartiennent à la même loi, ils sont considérés comme émanés de la même puissance, quand même cette puissance existerait dans plusieurs corps. C'est ainsi que l'on envisage tous les hommes comme ayant la même faculté de penser, la même faculté de marcher, la même faculté de voir, d'entendre, etc.

Les substances, comme nous l'avons déjà fait entendre, ne sont autre chose que les lieux propres des corps, lieux où résident et s'exercent leurs puissances. S'il est vrai, comme on le dit, que nous ne pouvons pas connaître la substance des corps, ce n'est pas faute de capacité de la part de notre entendement; c'est faute de propriété de la part des substances.

On peut envisager les corps de deux manières; ou naturellement, ou positivement. Sous le premier point de vue, l'on fait abstraction de leurs actes, et l'on ne considère que leurs facultés. On appelle naturelle cette manière de les envisager, parce que ce ne sont que les facultés des corps qui constituent leur nature, les actes ne faisant qu'indiquer cette nature ou essence. Sous le second point de vue, on les envisage par rapport à leurs actes seulement et abstraction faite de leurs puissances. On appelle positif cet aspect sous lequel on les considère, parce que par leurs actes, il se fait dans les corps un changement de position. Sous ce dernier point de vue, les substances des corps prennent le nom de suppôts, de sujets, et même celui de personnes, quand il s'agit des hommes.

Quand on envisage les corps par rapport à leur nature seulement, ils se présentent sous un point de vue de quiescence et de stabilité: quand au contraire on ne considère en eux que leurs actes, ils se présentent sous un aspect mouvant et variable.

Un même corps réunit toujours des puissances passives et des puissances actives; faute de puissances passives, un corps serait immuable; faute de puissances actives, un corps ne pourrait exister.

Les corps agissent les uns sur les autres; ils agissent aussi sur eux-mêmes. Il est des actions qu'un corps ne peut exercer sur un autre, qu'étant en contact immédiat, mais qui s'affaiblissent à raison de la distance.

On dit qu'un corps est libre, quand rien n'empêche l'exercice de ses puissances naturelles, soit actives ou passives.

Par l'exercice de ses puissances, le lieu propre d'un corps se marque et se dessine dans l'espace. L'ensemble des traits qui terminent ce dessin, constitue la figure ou la forme du corps, et ce que ce périmètre renferme, constitue son volume ou son étendue.

CHAPITRE II.

Des Corps animés.

Les corps sont de deux sortes ; ils sont animés ou inanimés. Cette distinction bien tranchante et universellement admise, est fondée sur la puissance de végéter ou de vivre, qui appartient aux premiers, et dont les autres sont dépourvus.

Pour savoir ce que c'est que cette puissance, il faut considérer quels sont les actes propres de la vie ou de la végétation.

Il est de la nature de tout corps animé de prendre naissance dans un germe, d'arriver à la perfection de son être par l'accroissement, de se détériorer ensuite, et enfin de périr. Tel est le cours régulier de l'existence passagère du corps vivant, quand aucun accident ne vient le déranger. Ces quatre actes supposent dans l'ame autant de puissances particulières, et il est facile de s'apercevoir que ces facultés sont d'une nature purement passive. D'abord, nul corps ne peut se donner à lui-même sa propre existence. Quant au perfectionnement, à la détérioration et à la mort, ce sont des choses que le corps animé reçoit, et dont il n'est pas la cause directe, bien que sa manière d'agir puisse en être l'occasion.

La vie ou la végétation comprend encore quatre autres actes; celui de saisir des corps étrangers pour se les assimiler; celui de l'assimilation elle-même; celui de désassimiler ou de dégager de ses propres parties; celui enfin d'éjecter ou d'excréter les parties désassimilées. L'ame possède donc encore quatre autres facultés particulières; mais ces facultés sont d'une nature active: car c'est par son propre fait qu'un corps saisit d'autres corps et se les assimile; et c'est par son propre fait qu'un corps dégage et éjecte de ses parties. Enfin, généralement l'ame se compose encore de deux autres puissances particulières, celle de former des germes de reproduction, et celle de détacher ces germes: ces puissances sont également actives.

Telle est en général la nature de l'ame, et l'essence propre des corps vivans; je dis l'essence propre et différentielle, car le corps animé partage encore certaines puissances, tant actives que passives, avec les corps qui sont seuls d'une nature morte.

Ce que l'on appelle la vie ou la végétation n'est autre chose que le jeu ou l'exercice des diverses facultés de l'ame. Nous ne suivrons point ce jeu dans ses détails, n'y ayant qu'un seul point qu'il nous intéresse d'établir : c'est que dans le corps animé, toutes les actions végétatives tendent au plus grand bien-être de ce corps.

Ce fait général se prouve par la nature même des diverses facultés actives de la végétation.

Il est reconnu d'abord que, non seulement les corps agissent les uns sur les autres, mais encore les diverses parties d'un même corps. Nous avons vu que de sa nature, toute action est mutatrice et altérante : d'où il suit qu'une même matière ne saurait faire long-temps partie d'un corps vivant, sans cesser d'y convenir, sans même devenir préjudiciable. Le bien-être du corps animé exige donc que cette matière altérée soit détachée de la masse et expulsée, et c'est ce qui s'opère par l'exercice de la faculté désassimilatrice et excrétive. Le bien-être du corps vivant exige encore qu'il soit porté à son état de perfection ; que la perte qu'il éprouve par l'effet de la désassimilation et de l'excrétion, soit réparée, ou entièrement, ou autant qu'il est possible, et c'est là la fonction de la puissance qu'il a de saisir d'autres corps et de se les assimiler. Enfin, la formation des germes de reproduction et leur dégagement tendent aussi au bien-être du corps vivant. Si, par ces actes, il ne se préserve pas de la mort, du moins les êtres qu'il produit, portent sa ressemblance, et ne diffèrent de lui que par la personnalité. Produire son semblable, c'est en quelque sorte se reproduire soi-même et perpétuer son existence autant et de la manière que la nature le permet. Ajoutez à cela que le germe de reproduction une fois formé, ne saurait continuer de faire partie du corps vivant, sans nuire à son économie.

J'ai dit non seulement que l'action végétative tendait au bien-être du corps vivant, mais encore qu'elle tendait à son bien-être le plus grand.

Pour établir cette seconde assertion, il suffit de considérer de quelle manière l'action végétative est provoquée. Sa cause ne peut exister que dans le besoin qu'éprouve l'être vivant d'être mieux, et ce besoin n'est satisfait qu'autant que le bien-être acquis est le plus grand. Ainsi l'action végétative destinée à satisfaire le besoin de la vie, tend à procurer au corps vivant, le plus grand bien-être.

Cette tendance vers le plus grand bien-être ne saurait abandonner le corps animé qu'avec la vie elle-même ; car elle tient à son essence : ce qui prouve que le plus grand bien-être, quoique son acquisition soit l'unique affaire du corps vivant et sa perpétuelle occupation, est un but fugitif, qui ne saurait jamais être atteint.

CHAPITRE III.

Des Animaux.

LES corps vivans sont aussi de deux sortes : ce sont de simples plantes ou des animaux. Cette distinction est également admise et tranchante. Nous avons à faire voir ici quel en est le fondement, et ce qui constitue proprement un animal.

Pour y parvenir, observons d'abord que les corps animés sont des corps organisés, et que les corps inanimés sont des corps bruts ; et que c'est à cette organisation propre aux corps vivans, que sont attachées les facultés de l'ame. Si cela n'était point, à quoi servirait cette organisation, et pourquoi les corps bruts seraient-ils sans vie ?

Cela étant, il est clair que la diversité des puissances de la vie n'a d'autre fondement que la diversité de l'organisation, et que dans tout corps vivant, il est une organisation passive et une organisation active, puisque dans tout corps vivant il est des puissances de l'une et de l'autre sorte.

L'organisation

L'organisation des êtres vivans est plus ou moins variée, plus ou moins compliquée dans sa composition ; mais il n'en est pas de si simple, qu'il n'y entre ce qu'on appelle des fibres. On en reconnait non seulement dans les diverses parties du corps animal, mais encore dans celles de la simple plante. Il y a plus, c'est que le jeu de la vie tient immédiatement au mouvement de ces fibres. Que ce mouvement devienne impassible, le corps cesse d'être animé.

Il est de la nature des fibres d'être susceptibles de deux sortes de mouvemens; d'un mouvement de vibration et d'un mouvement de contraction. Disons plutôt qu'en général les fibres sont de deux sortes ; celles qui ne sont destinées qu'à vibrer, et celles dont la fonction exclusive est de se contracter. On reconnaît que, de la part d'un animal, il ne se fait pas d'action sensible, qu'à l'aide de ses muscles, et par conséquent, que par l'effet de la contraction des fibres dont tout muscle se compose essentiellement. Nous devons attribuer à la même cause toute autre action végétative d'une nature insensible, et même les actions végétatives des simples plantes; l'analogie nous y autorise, et même la raison nous y engage, n'y ayant pas de nécessité de recourir à quelqu'autre principe. Cela posé, que devons-nous penser de l'autre sorte de fibres, si ce n'est que par leurs vibrations s'exercent les puissances passives de la végétation. Ce n'est pas là une simple hypothèse ; c'est plutôt une conséquence de l'opposition qu'il y a, d'une part, entre les puissances actives et les puissances passives, et de l'autre, entre les fibres contractantes et les fibres vibrantes. Ajoutez à cela ce que nous connaissons touchant nos sens extérieurs, et qu'à juste titre l'on peut appliquer aux sens internes, et généralement à tous les organes passifs de la vie, soit des animaux, soit des plantes : c'est que le jeu de ces organes ne consiste que dans la vibration des fibres dont se composent les membranes qui leur servent de base : tel est le tympan pour l'ouïe, les membranes qui tapissent l'intérieur du nez et de la bouche pour les sens de l'odorat et du goût ; telle est la rétine pour la vue, et généralement la peau pour le sens du toucher.

On doit donc regarder comme un fait constant, que la faculté vitale est attachée immédiatement aux fibres des corps organisés ; qu'elle consiste dans la mobilité de ces fibres ; et que, selon que cette mobilité est vibrile ou contractible, la faculté de la vie est passive ou active. De là il suit, qu'il est facile de se rendre raison de la diversité des puissances vitales, tant actives que passives ; car, en ce qui concerne les premières, l'on conçoit qu'elles doivent varier selon la forme et la position des muscles ; et pour ce qui est des secondes, on conçoit qu'elles doivent différer non seulement à raison de la position et de la forme des membranes, mais encore des divers modes de vibration.

J'ai dit que l'exercice des puissances vitales actives dépendait, dans les corps animés, de l'exercice de ses puissances passives ; ce qui ne veut dire autre chose, sinon que le jeu des muscles est provoqué par celui des membranes, et que la contraction de certaines fibres est l'effet de la vibration d'autres. Mais ce qui doit être remarqué, c'est l'appariement et la correspondance particulière qui existent entre tel organe actif et tel organe passif ; d'où il suit que tel muscle est mis en action par telle membrane, et qu'à son tour le muscle agit pour prolonger ou faire cesser la passion excitatrice. Ce mode d'organisation n'est pas non plus une pure hypothèse: pour s'en convaincre, faisons attention à ce qui se passe par rapport à nos principaux organes. L'œil, le nez, la bouche, la main sont des parties composées, propres à-la-fois à agir et à pâtir. C'est par elles que nous éprouvons les sensations de la vue, de l'odorat, du goût et du toucher; et c'est par elles aussi que nous regardons, que nous flairons, que nous mastiquons, que nous saisissons. Voilà sans doute un appariement de facultés passives et de facultés actives; car sentir, c'est éprouver une passion, et regarder, flairer, mastiquer, saisir, sont des actions. Pour ce qui est de la correspondance, il est certain que, s'il se présente un objet qui affecte agréablement la vue, l'odorat, le goût ou le toucher, c'est pour nous un motif de le fixer, de le flairer, de le broyer par la mastication, ou enfin de le palper; au contraire, nous en détournons la vue, nous en repoussons les émanations par le souffle, nous le crachons de la bouche et nous en éloignons la main, dans le cas où l'objet dont s'agit produit des sensations désagréables. D'un autre côté, si nous recherchons quelle peut être la fin de cette manière d'agir opposée, nous trouvons que, dans le premier cas, c'est pour prolonger, et dans le second, pour faire cesser les sensations que nous éprouvons.

Rien n'empêche de généraliser ce que je viens de dire de certains organes, et de l'appliquer à toutes les parties de l'organisation en général, et l'analogie nous y détermine. Mais cette correspondance qui se trouve établie entre les organes actifs et les organes passifs, entre les muscles et les membranes qui sont appariés, peut s'opérer de deux manières, l'une directe et l'autre indirecte : elle est directe, quand la contraction musculeuse est produite immédiatement par la vibration de la membrane qui lui est appariée ; elle est au contraire indirecte, quand le mouvement membraneux ne se communique à son muscle que par l'intermédiaire d'un tiers-organe.

Cette distinction nous fait concevoir deux manières d'organisation ; l'une simple, par l'effet de laquelle le jeu des organes actifs est excité immédiatement par celui des organes passifs qui y sont appariés ; l'autre, plus compliquée, en ce que le mouvement des membranes se communiquerait d'abord à un organe central, qui ensuite le transmettrait aux muscles.

Je dis maintenant que la différence qui existe entre la simple plante et l'animal, a son fondement dans la diversité des deux sortes d'organisation dont je viens de parler. Je dis que, dans la plante, l'organisation est simple, que la communication du mouvement s'y fait d'une manière immédiate entre les membranes et les muscles appariés; qu'au contraire, dans le système organique animal, la communication de certains mouvemens se fait par l'intermédiaire d'un organe central, qui est le terme du mouvement passif et le principe du mouvement actif: je dis de certains mouvemens; car il existe aussi dans ce genre d'organisation, des communications directes entre les organes appariés, comme nous aurons l'occasion de le remarquer.

Je n'ai pas à démontrer l'existence de ce point central dans l'organisation animale; car indépendamment des sens particuliers, externes, ou internes, que l'on sait appartenir à l'organisation animale, on reconnaît l'existence d'un sens commun, auquel l'on attribue les fonctions que je dis appartenir à l'organe central. Et pour ce qui est de l'organisation des simples plantes, loin d'y reconnaître un point central, sous le nom de sens commun, on les suppose destituées de toute espèce de sens ; mais je dois faire voir comment ce sens commun, ou cet organe central, qui n'appartient qu'aux animaux, sert de base aux facultés vitales, dont les plantes sont dépourvues.

Ces facultés sont au nombre de trois : celle de sentir, celle de penser et celle d'opérer. La faculté de penser, qui se nomme esprit, se compose de deux facultés particulières, celle de juger, qu'on nomme entendement ou intellect, et celle de vouloir, qu'on nomme volonté. La faculté de penser est attachée au sens commun, elle en a la mobilité ; mais le mouvement du sens commun peut être envisagé de deux manières, ou comme effet du mouvement existant dans les sens particuliers ou organes passifs, ou comme cause du mouvement existant dans les muscles ou organes actifs. Sous le premier point de vue, ce mouvement du sens commun est un jugement ; dans le second, une volition; d'où il suit que l'entendement et la volonté ne sont autre chose que l'esprit considéré sous deux points de vue opposés.

Les jugemens que l'animal porte des choses,

sont bons ou mauvais ; c'est-à-dire, que les choses jugées sont vraies ou fausses : d'où il suit, que l'entendement peut être envisagé, ou en général et comme étant la faculté de juger, soit bien, soit mal, ou comme n'étant que la faculté de bien juger. Sous le premier point de vue, la faculté de juger conserve toujours le nom d'entendement ou d'intellect ; sous le second point de vue, elle prend le nom particulier de raison ; et voilà pourquoi l'on dit de la raison, qu'elle ne trompe jamais.

La volonté est aussi une faculté qui peut être envisagée sous deux points de vue différens ; car tantôt l'animal veut faire une chose, tantôt il veut ne la pas faire ; et si l'on considère ces deux sortes de volitions cumulativement, la puissance à laquelle ces actes appartiennent conserve simplement le nom de volonté ; mais si l'on considère que, par rapport à la même action, il est au pouvoir de l'animal de vouloir la faire, ou de vouloir ne la pas faire, la volonté, dont l'exercice dans ce cas consiste dans une alternative, prend le nom de discrétion ou de faculté de choisir. Observons ici, comme une chose d'une très-grande importance, que cette faculté de choisir, qui appartient à tout animal, n'est pas la liberté, comme généralement on le suppose; etqu'il est même inconcevable comment on peut faire une pareille confusion. D'abord il n'est pas nécessaire qu'un suppôt ait la faculté de choisir, pour être libre ou empêché dans l'exercice de ses puissances, comme nous l'avons vu au chapitre premier. En second lieu, si dans l'animal la liberté était la faculté de choisir, l'animal serait libre chaque fois qu'il choisit : or, cela n'est pas, puisqu'il est des choix ou des préférences qui ne sont pas contraints. En troisième lieu, si la liberté ne consistait que dans la faculté de choisir, le choix fait, l'on ne pourrait plus manquer de liberté : ce qui est encore faux, puisqu'on peut être empêché d'exécuter ce qu'on a choisi même librement. Tel est l'homme qui ayant formé le projet d'aller à la campagne, trouve les portes de la ville fermées, sans qu'il ait pu le prévoir ni s'y attendre.

La faculté de penser suppose celle de sentir. Sentir, c'est pâtir; mais toute passion n'est pas sensation. Les corps bruts sont destitués de sentiment; et cependant il est de l'essence de tout corps d'être passible, comme nous l'avons vu au chapitre Ier. Il est dans les plantes deux sortes de passivité, l'une commune à tous les corps, et qu'elles partagent par conséquent avec les corps bruts ; et l'autre vitale, qui leur est propre, et qu'elles ne partagent plus qu'avec les corps animés. Cette passivité vitale des corps animés consiste, comme nous l'avons dit, dans la vibrilité de certaines fibres: mais toute vibrilité est-elle sensibilité ? Si cela était, il existerait dans les animaux plus de sortes différentes de sensations, que celles qu'ils éprouvent, et les plantes seraient des corps aussi sensibles que les animaux. Il n'y a donc qu'une espèce de vibrations qui constituent des sensations, et ces vibrations ne peuvent être que celles qui se communiquent au sens commun. Ce qui achève de le prouver, c'est la dénomination de sens que l'on a donnée exclusivement à ceux des organes passifs, dont les affections sont apperceptibles par la pensée; ce qui ne peut s'appliquer qu'aux organes passifs, dont le mouvement se propage jusqu'au sens commun.

Par là nous voyons que les plantes destituées d'organe central, sont aussi privées de toute espèce de sentiment ; nous voyons pourquoi dans l'animal le nombre des sens est borné, et comment la pensée et le sentiment sont deux actes de la vie, qui se supposent réciproquement.

Sous un certain point de vue, la faculté de sentir prend le nom de mémoire, ou de faculté de se souvenir. Avoir une sensation, c'est éprouver une vibration dans quelque sens, par l'effet d'une impression actuelle de quelque corps ; avoir un souvenir, c'est aussi éprouver une vibration, mais sans impression actuelle ; et si cette vibration est du nombre de celles que nous avons déjà éprouvées, elle est un souvenir ou une réminiscence. La difficulté n'est donc que de savoir comment une vibration peut être excitée dans un sens, sans que ce sens ait présentement reçu quelqu'impression : un fait connu nous l'explique. On sait que, dans un instrument de musique bien d'accord, la vibration d'une corde excite la vibration d'une autre avec laquelle elle a de l'affinité, sans produire le même effet sur les cordes les plus voisines. Comme donc les fibres de nos sens ressemblent parfaitement aux cordes d'un instrument de musique, il doit arriver souvent qu'une de ces fibres, sans être actuellement frappée, se mette à vibrer, par le seul effet de la vibration d'une autre fibre, avec laquelle elle a de la sympathie; et ce qui prouve que la chose se passe ainsi, c'est que si nous nous rappelons d'une pensée, c'est toujours à l'occasion d'une autre.

Si la faculté de penser suppose celle de sentir, la faculté d'opérer suppose celle de penser. Opérer, c'est agir; mais toute action n'est pas opération, comme toute passion n'est pas sensation. L'opération est une action vitale, dont par conséquent les corps bruts sont incapables. Il y a plus, c'est qu'il n'y a que les actions vitales volontaires qui soient des opérations : d'où il suit non seulement que les plantes, à raison de ce qu'elles sont destituées de volonté, n'opèrent point, mais encore que les animaux font beaucoup d'actions vitales qui ne sont pas des opérations.

Telles sont les trois facultés de la vie qui appartiennent exclusivement à l'animal et le caractérisent, en le distinguant de la simple plante. Je n'y ajoute point, comme on fait d'ordinaire, la faculté locomotrice, c'est-à-dire, celle de se transporter soi-même. Cette faculté n'appartient point à tous les animaux; et dans ceux qui la possèdent, elle est comprise dans le nombre des puissances opératives.

Ce que nous venons d'établir au sujet des animaux, ne les touche que sous le regard de leur essence et des puissances qui la constituent; il faut aussi les envisager sous l'aspect de l'exercice de ces mêmes puissances. Nous avons dit que, dans les êtres animés en général, l'exercice de leurs puissances actives vitales avait un but fixe et invariable, qui est leur plus grand bien-être comme corps vivans. Cette tendance, par conséquent, existe dans l'animal et dans la plante; mais la différence qui se trouve dans la nature de l'un et de l'autre, doit en établir une dans la nature de la tendance au plus grand bien-être des deux sortes de corps animés. En effet, dans la simple plante, qui ne pense point, cette tendance est purement corporelle : elle est au contraire corporelle et spirituelle tout à la fois dans l'animal; elle n'est que corporelle par rapport à ceux des organes actifs, dont l'exercice n'est point commandé par la volonté; elle est spirituelle par rapport aux puissances opératives, dont l'exercice dépend de cette même volonté.

Par la raison que le plus grand bien-être

de l'animal est l'objet de sa volonté, il prend le nom de bonheur, cette dénomination n'étant point donnée au plus grand bien-être des simples plantes. Il suit de là que le bonheur est l'unique affaire de l'animal, étant l'unique objet de sa volonté : il s'ensuit enfin, que le bonheur est une affaire nécessaire, l'animal ne pouvant s'empêcher de le vouloir. Mais on a tort de supposer que cette volonté du bonheur n'est point libre dans l'animal; car si elle est nécessaire, ce n'est pas par l'effet de quelque contrainte, ou de quelque violence de la part d'un agent étranger; mais par l'effet d'une simple disposition naturelle. Si l'animal pouvait être empêché de vouloir son bonheur, ou forcé de vouloir autre chose, ce serait alors le cas de dire de lui, qu'il n'est pas libre.

CHAPITRE IV.

Des Bêtes.

Tout ce que je viens de dire touchant les animaux en général, convient aux bêtes, qui sont des animaux. Il se peut qu'il y ait des bêtes qui soient privées de certains organes actifs ou passifs, que d'autres ont; mais cela n'empêche qu'elles n'aient, toutes, la faculté de sentir et celle d'opérer. Elles ont aussi, toutes, la faculté de penser, celle de vouloir, celle de juger, et avec cette dernière, la faculté qu'on nomme raison; car, si les bêtes se trompent quelquefois, le plus souvent aussi elles jugent très-bien. Si l'on définit l'homme un animal raisonnable, ce n'est pas parce que seul il possède la raison, mais parce qu'il est le seul animal qui raisonne, comme nous le dirons dans la suite. La discrétion et la mémoire, de la manière dont nous avons défini cette dernière, sont aussi des facultés, que nous savons ne pas manquer aux brutes. Ce que nous avons particulièrement à examiner et à analyser en elles, c'est leur volonté du bonheur.

Vouloir se rendre heureux, c'est vouloir faire celles des actions, qu'on a en son pouvoir, qui sont nécessaires pour l'être; car c'est un principe reconnu que, qui veut la fin, veut les moyens. Je dis celles des actions qu'on a en son pouvoir; car l'on ne peut pas vouloir faire ce que naturellement l'on n'a pas la faculté de faire. Je dis aussi les actions qui sont nécessaires; car, s'il est au pouvoir de l'être doué de volonté et de discrétion, de faire des actions assorties à son bonheur, il en est un bien plus grand nombre de contraires au bonheur, qu'il peut faire également.

Il se fait donc, par la volonté même qu'a chaque bête de se rendre heureuse, une division de toutes les actions qu'elle peut faire volontairement, en deux classes, dans l'une desquelles sont comprises toutes celles qui sont assorties à son bonheur, et dans l'autre, celles qui y sont contraires; actions que la volonté du bonheur détermine elle-même pour appartenir à l'une ou à l'autre classe, selon la relation de convenance ou de disconvenance qu'elles ont avec le bonheur.

Les

Les actions de la première sorte prennent collectivement le nom de droit, parce qu'on les conçoit comme formant une ligne qui va directement au but que la bête se propose; et comme chaque bête se propose le bonheur pour but de ses actions, et que le bonheur de l'une n'est pas le bonheur de l'autre, il est un droit particulier pour chaque bête.

Les actions du droit des bêtes, considérées divisément, prennent diverses qualifications qui leur conviennent. On peut dire d'elles qu'elles sont droites ou qu'elles ont de la rectitude, parce que par là, l'on n'entend autre chose, sinon que ces actions font partie du droit, qui est une ligne droite. On peut les appeler aussi des actions justes, en prenant ce mot comme désignant simplement ce qui est ajusté, ou comme synonyme de celui de précis, parce qu'en effet, ces actions sont ajustées au bonheur, ou sont précisément celles qu'une bête doit faire pour se rendre heureuse. L'on peut dire de ces actions, qu'elles sont utiles, puisqu'elles servent à la bête à atteindre ce qu'elle désire; et enfin, l'on peut dire qu'elles sont bonnes, puisque leur effet est, pour la bête, la meilleure des choses ; bien entendu pourtant qu'il ne s'agit ici que de cette bonté qu'on appelle physique, et nullement de la bonté morale, qui ne peut appartenir qu'aux actions humaines. L'utilité et la bonté physique constituent ce que j'ai déjà appelé l'économie du droit : car l'économie ne consiste non plus qu'à faire ce qui est bon et utile pour son bien-être.

Le droit d'une bête est étranger au droit d'une autre ; par là, je ne veux pas dire que ce qu'une bête fait d'utile pour elle, ne soit jamais un avantage pour une autre. Nous avons mille exemples du contraire. Un chien qui, en se défendant contre un loup, parvient à l'étrangler, rend service, non seulement à lui-même, mais encore à tout autre chien, à toute autre bête qui aurait pu être assaillie et dévorée par ce même loup. Mais j'entends qu'une bête ne fait jamais rien en vue du bien-être d'une autre, considérée comme telle ; je dis considérée comme telle, afin d'avoir l'occasion d'expliquer la manière d'agir d'une mère à l'égard de ses petits. On ne saurait douter qu'en tout ce que la mère fait à l'égard de ses petits, elle ne le fasse en vue de leur bien-être ; mais il faut avouer aussi qu'une mère ne considère point ce qu'elle met au monde, comme quelque chose de distinct d'elle; ainsi, ce qu'elle fait pour le bien-être de ses petits, elle ne le fait pas pour le bien-être de quelque autre bête; et si l'on voit des mâles prendre, des productions de sa femelle, les mêmes soins qu'elle, ce n'est que par un principe d'imitation.

Comme par un effet nécessaire de son mécanisme, un animal ne peut rien faire volontairement qu'en vue de son propre bonheur, une bête ne peut avoir l'intention d'agir pour le bien-être d'une autre, qu'autant qu'elle verrait, dans ce bien-être d'autrui, son propre bonheur. Or, rien ne peut engager une bête à porter un pareil jugement; tout, au contraire, la porte à juger différemment.

La conséquence que je tire de là, c'est que chaque bête est, pour l'affaire de son bonheur, dans un état d'isolement parfait, non pas dans le sens, comme je l'ai déjà remarqué, qu'une bête ne puisse retirer quelqu'avantage des actions d'une autre bête, comme elle en retire souvent des actions d'un corps brut, mais dans le sens que le bien qu'une bête reçoit d'une autre, n'est pas un bien que celle-ci ait l'intention de lui faire.

On aura quelque peine de se rendre d'abord à cette vérité. Il est en effet, dans la conduite de certaines espèces de bêtes, des choses qui paraissent prouver un état de corporation ; j'entends leur état habituel de rapprochement, des travaux exécutés en commun, des approvisionnemens à l'usage de chacun ; mais ces faits s'expliquent très-bien de la part d'animaux qui n'ont nullement la volonté de faire quelque chose en faveur de leurs semblables.

Il n'est point d'espèces de bêtes dont, au moins à un certain âge et en certain temps de l'année, le mâle, pressé de ce besoin de la vie qui tend à produire d'autres êtres vivans, ne cherche une femelle et ne s'en approche, et dont la femelle, pressée du même besoin, ne se prête à l'envie que la procréation exige. En cela, on ne voit que des êtres qui agissent pour leur propre soulagement ; et ce qui le prouve, c'est que cette œuvre n'est jamais l'effet de la sollicitation d'une part et de la complaisance de l'autre, mais toujours d'un besoin réciproque.

L'on conçoit que cet état de rapprochement doit se prolonger autant que le besoin qui l'a provoqué. Il doit même continuer d'exister, après ce besoin satisfait, par deux autres motifs : le premier, c'est l'habitude déjà contractée d'être ensemble; le second, c'est le besoin d'imiter son semblable ; besoin dont on peut apprécier la force, par celle de l'habitude, qui n'est qu'une imitation de soi-même.

Le temps arrive où la femelle met bas le fruit de ses amours, et continuant de le regarder comme une partie d'elle-même, et souvent comme la partie la plus précieuse et la plus chère, elle continue aussi de lui prodiguer ses soins. Le mâle en fait autant par imitation. Les petits, qui profitent de ces soins, se tiennent en position de pouvoir continuer de les recevoir. Ils sont toujours, par rapport à leurs bienfaiteurs, dans un état de rapprochement ; l'habitude s'en forme. L'habitude se forme encore, de la part de chaque enfant, d'être uni à ses frères ; et le besoin de l'imitation, à son tour, vient renforcer l'une et l'autre habitude ; et voilà comme se forment et se soutiennent les réunions de familles parmi les bêtes, sans qu'il y ait, de la part d'aucun des membres de ces familles, l'intention de contribuer au bien-être des autres.

L'on conçoit que le besoin d'imiter ses semblables peut réunir non seulement les membres de la même famille, mais encore plusieurs familles de la même espèce; chose que l'on voit aussi très-souvent. Ce qui doit paraître surprenant, c'est plutôt de ne pas voir des réunions plus considérables et plus durables parmi les individus de la même espèce de bêtes; mais il faut considérer qu'il n'est point de besoin si pressant, qui ne doive céder à un besoin plus fort. Or, il existe aussi des motifs, et des motifs très-puissans, qui portent les bêtes et certaines espèces plus que d'autres, à se séparer et à se tenir écartées les unes des autres : tel est le besoin de pourvoir à sa subsistance, le besoin de se cacher pour échapper à la recherche de son ennemi; tel est enfin le besoin de fonder de nouvelles familles.

Pour ce qui est des travaux entrepris et exécutés en commun (ce qui a lieu principalement par rapport à celles des espèces de bêtes qui forment de grands attroupemens), il n'y a encore rien qui prouve qu'une bête fasse quelque chose en vue de favoriser une autre. Dans cette multitude d'ouvrières, le plus souvent chacune fait ce que font toutes les autres, et par conséquent, ce qu'elle aurait fait isolément. Le concert qu'on y voit n'est l'effet d'aucune convention, d'aucune concertation. Quand il arrive que le travail commun paraît partagé, moins à raison de sa quantité, qu'à raison de sa nature, et que l'on voit certaine partie de cette troupe s'occuper de telle chose, tandis qu'une autre partie se livre à telle autre, ce phénomène ne doit point être attribué à quelque combinaison, mais ou à la variété des individus composant la troupe, comme il arrive dans une ruche où il y a des mâles, des femelles et des mouches sans sexe, ou à la concurrence, qui fait que certains individus prenant l'ouvrage au point où d'autres l'ont laissé, paraissent s'y livrer exclusivement.

L'ouvrage entrepris en commun est-il achevé? chacun en jouit, soit qu'il s'agisse d'une habitation sûre et commode, soit qu'il s'agisse d'un approvisionnement; mais ce partage n'est encore qu'un simple fait, qui n'a d'autre cause que le besoin limité de chacun; c'est, en un mot, un partage sans répartition.

Il n'est donc, dans la conduite des bêtes, même de celles qui vivent en troupes, rien qui indique que chacune d'elles agisse autrement que pour son intérêt propre; et les phénomènes que présente cette conduite, s'expliquent très-bien, sans qu'on soit obligé de supposer aucune corporation véritable parmi elles, ni aucune action faite avec l'intention de procurer à autrui quelqu'avantage; intention que j'ai d'ailleurs démontré, *à priori*, être une chose impossible de la part des brutes.

Il y a plus : non seulement les bêtes, pour l'affaire de leur bonheur, sont entr'elles dans un état de parfait isolement; mais elles sont encore entr'elles dans un état de guerre.

Être dans un état de guerre et faire la guerre, sont deux expressions qu'il ne faut pas confondre. Faire la guerre, c'est commettre actuellement des actes d'hostilité, c'est employer la violence ou la déception pour frustrer un autre de ses prétentions, et faire prévaloir les siennes. Être dans un état de guerre, c'est simplement avoir des prétentions opposées. L'état de guerre précède nécessairement les hostilités qu'on exerce, et y conduit. Ainsi, quand je mets en avant que les bêtes sont entr'elles dans un état de guerre, je n'entends dire autre chose, sinon qu'elles ont toutes des prétentions d'une nature contraire.

Avoir une prétention, c'est vouloir disposer d'une chose à son gré; et il y a contrariété entre les prétentions de plusieurs individus, quand chacun d'eux à la volonté de disposer à son gré d'une même chose. Il faut donc faire voir ici que toutes les bêtes ont des prétentions, et que ces prétentions ont pour objet les mêmes choses. Ces deux points démontrés, il est évident que chaque bête se trouve dans un état de contradiction et de guerre avec toutes les autres. Or, premièrement, chaque bête a des prétentions; car chaque bête ayant la volonté de se rendre heureuse, a aussi la volonté de faire ce que son bonheur exige, et par conséquent celle de disposer des choses à son gré. En second lieu, ces prétentions ont pour objet toutes choses, non pas dans le sens que chaque bête ait besoin de disposer de toutes choses pour se rendre heureuse, mais dans le sens que de l'objet de ses prétentions, il n'y a rien d'exclus, n'y ayant effectivement rien dont une bête n'ait besoin de disposer, si les circonstances, qui varient à l'infini, l'exigent. Or, il est clair que si chaque bête a des prétentions sur toutes choses, l'objet des prétentions de chaque bête est le même que l'objet des prétentions de toutes les autres, et qu'ainsi, il existe un état de guerre nécessaire entre toutes les bêtes.

J'ai dit dans le principe, que le droit des bêtes était un droit économique, mais non pas un droit politique ; et déjà nous avons fait voir en quel sens ce droit était économique. Maintenant, il s'agit de mettre en évidence son défaut de policie.

Il résulte de la définition que nous avons donnée des mots de policie et de politique, que cette dernière qualification ne conviendrait au droit des bêtes, qu'autant que le droit d'une bête serait d'accord et en harmonie avec le droit de toutes les autres. Or, ce que nous venons d'établir touchant l'état de guerre de chaque bête contre toutes les autres, prouve tout le contraire. Loin d'avoir des prétentions concordantes et harmoniques, les bêtes ont entr'elles des prétentions qui se combattent et s'excluent. Le droit des bêtes ne peut donc pas être un droit politique.

CHAPITRE V.

Des Hommes.

Tout ce que nous avons dit des animaux en général, convient aux hommes comme aux bêtes. Cependant, il existe une grande différence entre l'homme et la brute, et il s'agit ici d'expliquer en quoi elle consiste.

De même que la brute, l'homme a la faculté de sentir, la faculté de penser et la faculté d'opérer; ou plutôt la brute possède cette triple faculté, de même que l'homme. On peut même dire que l'homme ne possède rien au-delà. L'excellence de la nature humaine sur celle de la brute, a donc pour fondement le mode de posséder les trois facultés animales dont s'agit; mais ce mode est lui-même une faculté particulière à l'espèce humaine, et cette faculté, c'est l'imagination.

La brute opère comme elle veut, veut comme elle juge, et juge comme elle sent, sans que l'ordre de ces actes soit jamais interverti. Cet ordre a lieu aussi dans l'exercice de ces quatre puissances de l'homme. Il a lieu généralement, mais non pas constamment. Si le plus souvent l'homme veut comme il juge, il arrive aussi qu'il juge comme il veut ; ce qui constitue une inversion dans l'ordre commun des choses.

A considérer un jugement dans l'acception générale et étendue de ce terme, ce n'est autre chose qu'une proposition mentale affirmative ou négative. Et cette proposition est spéculative ou pratique, selon que l'esprit pose qu'une chose est ou n'est pas, ou qu'il pose qu'une chose est ou n'est pas à faire. Quand notre esprit fait ces positions ou propositions d'une manière involontaire, la proposition pratique est toujours précédée de la proposition spéculative ou de plusieurs propositions de cette espèce ; et la proposition spéculative est toujours précédée de sensations, soit premières, soit de souvenir, ou de sensations de l'une et de l'autre sorte. Enfin, ce que nous appelons volition ou acte de la volonté, est toujours précédé d'une proposition ou jugement pratique.

Que ce soit-là la marche ordinaire que suit l'esprit humain, c'est ce que chacun sait ou peut savoir, en l'observant dans ses divers mouvemens ; mais aussi notre sens intime nous enseigne que toutes nos positions mentales ne sont pas l'effet immédiat de nos sensations, et qu'il en est que nous faisons volontairement. Lorsqu'en plein midi l'on ouvre les yeux, l'on ne peut pas s'empêcher de juger qu'il fait jour. Cependant l'on sent que l'on peut se dire : il fait nuit, et raisonner d'après cette supposition. Mais ce jugement ou cette proposition mentale, on ne la fait que parce qu'on le veut. J'ignore parfaitement si, dans le moment actuel, il pleut, ou ne pleut pas à Pékin ; et cependant je puis affirmer l'un ou l'autre, si je le veux. Il est donc en moi un pouvoir de juger volontairement. Disons mieux, il est dans l'homme une faculté d'envisager ou d'affirmer les choses d'une manière différente qu'il ne les juge d'après le rapport de ses sens et de sa mémoire, et c'est précisément cette faculté que j'appelle imagination.

Les actes de cette faculté prennent proprement le nom de fictions, d'hypothèses, de suppositions ; et si, jusqu'à présent, je les ai appelés des jugemens, c'est parce qu'il fallait les distinguer d'abord par quelque nom, et à raison de la ressemblance qu'ils ont avec les jugemens, étant des propositions mentales comme eux. Mais, ce qui les différencie essentiellement, c'est que les jugemens sont des affirmations ou des négations, auxquelles la volonté n'a point de part; au lieu que les fictions sont des affirmations ou des négations purement volontaires : l'homme est passif à l'égard des premières, et actif à l'égard des secondes.

Comme proposition mentale, une fiction est une pensée; et comme commandée par la volonté, elle est une opération. D'où il suit que la faculté d'imaginer n'est proprement autre chose, que l'entendement considéré comme faculté opérative, comme faculté, dont l'exercice dépend de la volonté. Ce qui prouve que c'est avec raison que j'ai dit de l'homme, qu'il ne différait de la brute, que par un mode de posséder les puissances animales de la vie.

J'ai dit que l'homme devait à son imagination, toute la supériorité qu'il a sur les brutes. Il s'agit maintenant de le démontrer.

Que l'imagination soit de quelqu'utilité à l'homme, c'est de quoi l'on ne saurait douter, étant à la fois une faculté de penser et une faculté d'opérer. Il n'y a pas de raison de supposer que l'imagination, comme faculté de penser, soit moins utile à l'homme que toute autre faculté de penser; que comme faculté d'opérer, elle lui procure moins d'avantages que toute autre faculté d'opérer. Mais ce n'est pas assez de s'en tenir ici à de simples présomptions, il faut préciser davantage le genre de service, que l'imagination rend à l'espèce humaine.

Je dis donc premièrement que, comme faculté de penser, l'imagination procure à l'homme des jouissances, dont la brute est incapable, et des motifs de bonne conduite indépendans de ceux que la raison, l'habitude et l'imitation peuvent suggérer. La preuve de cette double assertion exigerait des développemens dans lesquels je n'entrerai point; ils sont trop longs pour la nature de cet ouvrage: j'atteindrai d'ailleurs suffisamment mon but, par ce qui me reste à dire; il n'en sera fait mention ici que comme pour mémoire.

Je dis, en second lieu, que l'imagination, comme faculté d'opérer, fournit des données à la raison, au moyen desquelles les hommes peuvent étendre, préciser, extraire leurs jugemens, se les rappeler et se les communiquer les uns aux autres; toutes choses que les bêtes ne sauraient faire.

Naturellement les corps présentent à nos sens tout l'ensemble de leurs qualités; mais ce que nous jugeons être uni, l'imagination le sépare. Nous donnons le nom d'abstraction à cet acte de notre imagination, par lequel nous isolons une chose, du faisceau dont elle fait partie; cette abstraction prend le nom d'attention, quand on la considère comme étant faite volontairement, et comme étant le moyen de recueillir plus distinctement et plus complettement les notions dont la chose abstraite est susceptible. Abstraire successivement toutes les parties dont un tout est composé, et les considérer attentivement, c'est ce qu'on appelle analyse. La manière de procéder dans cette analyse, surtout quand elle est la meilleure, prend le nom de méthode.

De même que l'imagination sépare ce que le jugement unit, de même elle unit ce que le jugement sépare. L'acte par lequel l'imagination compose successivement un objet, prend

prend le nom de synthèse, et il est une méthode synthétique, comme il est une méthode analytique.

Souvent, sans unir des choses, l'imagination ne fait que les rapprocher. Cet acte s'appelle comparaison, et a pour but de découvrir ce qu'est une chose par rapport à une autre. Quand, dans cet état de juxtaposition mentale de deux choses naturellement éloignées, la faculté d'imaginer porte et reporte notre attention de l'une à l'autre, cet acte s'appelle réflexion.

On ne peut pas juger qu'une même chose existe en plusieurs lieux, ni par conséquent en plusieurs substances, qui ne sont que des lieux propres ; mais ce que nous ne pouvons pas juger, nous l'imaginons. Nous supposons qu'une même puissance existe dans un grand nombre de corps. Telle est la faculté de penser, que nous supposons exister dans tous les animaux, et être la même faculté ; telle est la fusibilité que nous supposons exister dans tous les métaux, etc. Nous donnons à cet acte de notre imagination le nom de généralisation, et c'est sur cette généralisation de la même idée, qu'est fondée toute la classification des corps, et leur division par genres et par espèces ; classification qui opère dans le nombre des corps une espèce de réduction et une ordonnance, au moyen de quoi l'esprit en connaît l'ensemble, et la mémoire se trouve soulagée.

La généralisation des idées et le classement des corps qui en est la suite, sont le fondement de la quantité numérique ; car une chose n'est pas une, précisément parce qu'elle est diverse de toute autre, mais parce qu'elle est différente de toutes les autres choses ou individus de son espèce, avec lesquels elle a des propriétés communes. Ce que nous appelons nombre ou quantité numérique, n'est pas l'unité même d'une chose, mais une pluralité de choses qui sont unies.

Comparant deux choses de la même espèce, sous le point de vue d'une de leurs propriétés communes, l'on acquiert deux autres idées nouvelles. La première est celle du mode de posséder cette propriété commune ; car il n'arrive pas toujours qu'un individu possède une propriété commune, de la même manière qu'un autre. La seconde est celle de la grandeur de cette qualité identique, grandeur qui consiste dans le degré ou l'intensité avec laquelle chaque individu possède cette même qualité commune : et, en effet, cette intensité varie le plus souvent à raison de la diversité des sujets. Tel corps, par exemple, avec moins d'étendue, a plus de pesanteur qu'un autre.

On a senti la nécessité qu'il y a d'avoir de la grandeur numérique et de la grandeur graduelle, des idées précises, et l'imagination a encore fourni le moyen de les obtenir. Ce moyen consiste dans une quantité déterminée et unique, que l'on suppose être le terme de comparaison, ou la mesure de toutes les autres de la même espèce.

Il n'y a que les corps qui soient des substances, qui possèdent des facultés, qui agissent et pâtissent ; mais notre imagination substantifie toutes choses. J'en atteste le langage où l'on voit que, quoique ce soit dont on veuille parler, on le représente comme un sujet, comme un substantif, à quoi l'on attribue des qualités, des actions et des passions. L'effet de cette assimilation est de nous faciliter la conception de toutes choses, par les notions familières et sensibles que nous avons de ce qui concerne les corps.

Nos pensées sont d'une nature fugitive ; la mémoire les retient à la vérité, mais ne nous les rend pas toutes, ni toujours, au moment du besoin que nous en éprouvons. Les restitutions qu'elle nous en fait, sont dues en quelque sorte au hasard, et nous sommes entièrement passifs à cet égard. Cet état naturel des choses et commun à tous les animaux, l'imagination de l'homme le change; ou plutôt à cet état des choses, elle en ajoute un autre, qui participe de sa nature active. En effet, il est en notre pouvoir d'exciter la mémoire par diverses fictions que nous faisons; et si, dans le nombre, il en est une dont la vibration soit en concordance avec celle de la chose déjà pensée, nous nous ressouvenons de ce que l'on voulait savoir. Ainsi, d'une manière indirecte, l'imagination soumet la mémoire à notre volonté.

Nonobstant cette domination de la volonté et la propre officialité de la mémoire, il est encore des choses que l'oubli absorbe. Ainsi, pour pouvoir disposer à notre gré et en toutes circonstances, des connaissances acquises, il fallait un expédient qui ne fût jamais en défaut, et l'imagination nous l'a encore fourni. Il consistait à supposer que tel signe, susceptible d'agir sur nos sens, quand nous le jugerions à propos, fût la représentation de telle pensée; ce que nous avons fait: et au moyen de cet artifice, nous nous sommes créé une seconde mémoire.

S'il était utile de former un dépôt artificiel de ses pensées, pour pouvoir les ressaisir à volonté, il était aussi avantageux de pouvoir s'approprier les connaissances d'un autre, en les puisant dans son propre dépôt. Pour cet effet, il fallait pénétrer le secret de ses signes : et par quel autre moyen pouvait-on y parvenir, si ce n'eût été par les hypothèses de l'imagination? hypothèses qui devinrent des connaissances réelles, du moment que leur justesse a été reconnue. Ce n'est pas autrement que l'on découvre les secrets de la nature. Il est même une hypothèse où il est très-facile d'avoir la clef des signes de la pensée d'un autre homme ; c'est celle où celui-ci prendrait à tâche de la communiquer : car il trouverait dans les signes naturels de la pensée, un secours suffisant pour le faire. On conçoit encore qu'un certain nombre de signes arbitraires une fois connu, peut servir à faire connaître plus aisément les autres.

On conçoit aussi que les signes de la pensée d'un autre peuvent, de la part de celui qui en connait le sens, être adoptés pour signes de ses propres pensées, et devenir ainsi des signes communs ; et comme le langage n'est autre chose que l'usage des signes communs de la pensée, on voit que les hommes, par cela seul qu'ils ont la faculté d'imaginer, sont des êtres susceptibles d'un langage positif : langage, au moyen duquel ils peuvent se communiquer et conserver jusqu'aux moindres détails de leurs pensées.

C'est à leur imagination que les hommes doivent toutes les sciences qu'on appelle abstraites, et qu'on nommerait mieux sciences hypothétiques. En éffet, si l'on examine ce que c'est que les sciences métaphysiques et mathématiques, on verra que ce ne sont, au fonds, que des fictions ou hypothèses, que l'on varie et que l'on combine diversement, pour en saisir les résultats et les appliquer ensuite aux choses réelles ; en quoi consiste leur utilité.

Enfin, c'est à leur imagination que les hommes doivent leur faculté de raisonner. En effet, qu'est-ce que c'est que cette faculté? Ce n'est pas simplement celle de connaître ou de bien juger, qu'on nomme raison, ainsi que je l'ai déjà remarqué ; c'est celle d'étendre, de préciser et de certifier nos connaissances par des moyens artificiels : moyens que j'ai ci-devant indiqués comme étant les fruits de l'imagination ; moyens que, faute d'imagination, la bête ne saurait employer, ni concevoir.

Mais ce que je me proposais principalement d'établir dans ce chapitre, c'est la sociabilité des hommes, en faisant voir comment elle est l'effet de leur imagination. Je ne prends pas ici le mot de sociabilité comme le prennent nos auteurs, pour un devoir ; mais pour la susceptibilité de vivre entre eux socialement, et par conséquent paisiblement : car l'état social exclut l'état de guerre.

Deux choses constituent une société : un travail concerté et commun, et un partage équitable du produit de ce travail. Je dis un travail, parce que sans travail il peut bien y avoir une communauté entre plusieurs, mais il ne peut pas y avoir de société. Qu'une succession, par exemple, vienne à échoir à plusieurs héritiers ; il existe dès lors une communauté entre ces héritiers, par rapport aux biens de la succession dont s'agit ; mais il ne s'établit entr'eux une société, que du moment où ils conviendraient qu'ils feraient valoir les biens communs pour en partager ensuite le produit. Je dis un travail commun, bien que je sache qu'il se forme des sociétés entre plusieurs, dont il en est qui ne mettent en commun qu'un certain capital ou fonds productif; tandis que d'autres se chargent de faire valoir ce capital par leur industrie ; mais il faut considérer que dans ce cas, le capital mis en commun est représentatif de l'industrie de celui qui l'y met : enfin, je dis un travail concerté ; car le travail de chaque sociétaire aurait beau être d'une nature assortie au but qu'on se propose, s'il n'est pas combiné de manière à produire plus d'effet qu'étant fait isolément, la société ne présente plus aucun avantage.

D'un autre côté, je suppose que toute société exige un partage, non seulement du travail commun, mais encore de son produit. Et, en effet, sans la participation au produit du travail, le travail lui-même deviendrait une chose impossible, nul ne pouvant rien faire volontairement, qu'en vue de quelqu'avantage. Mais je suppose encore que ce partage du produit du travail doit se faire équitablement ; c'est-à-dire, que la part de chacun dans ce produit doit être proportionnée à la quantité pour laquelle il a contribué à son existence ; car ôtez cette proportion dans le partage du dividende, vous n'aurez plus de société, il ne vous reste qu'une corporation inique.

Lors donc que je dis que les hommes sont susceptibles de vivre socialement entr'eux, pour l'affaire de leur bonheur, je suppose qu'ils sont capables de concerter entr'eux leur travail, en vue du bien-être commun, et de partager ensuite équitablement le produit de ce travail, pour effectuer le bien-être de chacun ; le tout par le secours de leur imagination.

Que les hommes puissent considérer comme ne formant qu'une seule et même chose le bonheur de chacun d'eux ; qu'ils puissent considérer de même le travail de chacun d'eux, et le produit de ce travail : c'est ce qui résulte de ce qui a été dit précédemment, où nous avons fait voir que, par un acte de leur faculté d'imaginer, les hommes pouvaient composer un seul ensemble de plusieurs choses naturellement distinctes, et ne faire ainsi de plusieurs touts réels, que des parties d'un même tout fictif.

Que ces touts fictifs du travail de chacun et de son produit, les hommes puissent de nouveau les décomposer et les diviser en autant de parts qu'ils le jugent à propos; qu'ils puissent proportionner et accommoder ces parts comme il convient au but qu'ils se proposent, non seulement en idées, mais encore corporellement; et en effet, c'est ce qui résulte également de ce qui précède, où nous avons vu, d'une part, que par l'effet de leurs abstractions, les hommes pouvaient analyser un tout et en faire autant de parties qu'ils veulent faire d'abstractions; et où nous avons vu, d'une autre part, qu'au moyen du langage, ils peuvent connaître la capacité et le besoin de chacun, concerter leur entreprise commune; et qu'au moyen de la comparaison et de la mesure de toutes sortes de grandeurs, ils peuvent, dans la répartition du travail et de son bénéfice, suivre la loi de l'équité et de la convenance.

Après avoir fait voir, ainsi que nous l'avons fait, que les hommes sont naturellement capables de concevoir et d'exécuter un projet de société entr'eux, pour l'affaire de leur bonheur, que reste-t-il à faire pour achever de mettre dans tout son jour la sociabilité naturelle des hommes, si ce n'est de prouver qu'ils peuvent avoir la volonté d'exécuter le projet de société dont nous venons de parler. Mais, comme au chapitre suivant nous démontrerons que les hommes ont réellement cette volonté, nous devons nous dispenser d'entrer en aucune sorte de raisonnemens, pour faire voir ici qu'ils peuvent l'avoir; et ainsi notre thèse se trouve parfaitement établie.

Terminons ce chapitre par une petite discussion qui n'est pas sans importance. Il s'agit de la définition de l'homme. Aristote a dit que l'homme était un animal raisonnable, et cette définition est depuis longtemps adoptée par tout le monde sans exception. Si j'entreprends ici de la combattre, ce n'est pas que je prétende que l'homme n'est pas doué de la faculté de raisonner, ni qu'en le présentant comme doué de cette faculté, il puisse être confondu avec quelqu'autre animal; mais je soutiens que la définition dont il s'agit, n'expose pas le caractère distinctif de l'homme dans toute son étendue. En effet, ce qui place l'homme au-dessus de la condition des brutes, n'est pas seulement sa faculté de raisonner, c'est-à-dire, la faculté d'exercer sa raison par des artifices; mais encore la faculté d'exercer sa mémoire et toutes ses puissances opératives par les mêmes moyens. Car les arts ne sont autre chose que l'emploi de moyens artificieux pour exécuter quelque chose d'utile. Ce qui constitue l'excellence de la nature humaine, c'est cette faculté qu'il a d'embellir toutes choses par des fictions; c'est encore la faculté de prolonger ses délibérations, et de les éclairer autant qu'il le juge à propos : car la brute exécute aussitôt qu'elle a jugé ce qu'elle doit faire; au lieu que l'homme peut suspendre l'effet d'un pareil jugement, en envisageant la chose autrement, et la soumettant ainsi à un nouvel examen. Ce qui distingue et exalte l'homme, c'est la faculté qu'il a de se livrer à des croyances religieuses, et d'y trouver un nouveau et puissant motif d'une bonne conduite; c'est la faculté de composer des poëmes, et de placer dans ses propres fictions des exemples à imiter ; enfin, ce qui caractérise l'homme et le différencie des autres animaux, c'est sa sociabilité.

Et comme tous ces avantages, l'homme les doit à son imagination ; c'est-à-dire, à la faculté d'affirmer, quand l'entendement nie ; de nier, quand l'entendement affirme ; d'affirmer ou de nier quand l'entendement ne se prononce pas; d'affirmer quand l'entendement doute; de douter quand l'entendement assure; en un mot, à la faculté qu'il possède exclusivement, de faire des hypothèses et d'envisager les choses autrement qu'on ne le juge: il est de toute évidence que l'homme doit être défini, l'animal imaginatif.

CHAPITRE VI.

Pour l'affaire de leur bonheur, les Hommes sont entr'eux dans un état de paix et de société.

Si, d'une part, l'état de guerre est une suite nécessaire de l'état d'isolement, comme nous l'avons vu par rapport aux bêtes ; que d'une autre, l'état de société renferme celui de la paix, comme nous l'avons également prouvé; il s'ensuivrait que nous n'aurions autre chose à faire ici que de démontrer que les hommes sont entr'eux dans un état de société, laissant à déduire la conséquence naturelle, qu'ils sont aussi dans un état de paix. Cependant nous ne suivrons pas cette marche, le développement de nos preuves exigeant que nous fassions voir successivement, que les hommes ne sont pas entre eux dans un état de guerre, ni dans un état d'isolement, ni dans un état de corporation quelconque; mais dans un véritable état de société.

Prouvons d'abord que pour le succès de

leur affaire du bonheur, il importe aux hommes d'être entr'eux dans un état de paix, plutôt que dans un état de guerre; ce qui ne sera pas bien difficile, puisqu'il ne s'agit pour cela que de comparer les avantages et les inconvéniens de part et d'autre.

Je ne vois dans l'état de guerre qu'un seul plaisir, que n'offre point l'état de paix, c'est celui de la victoire au sortir d'un combat: mais comme il n'y a pas de victoire sans défaite, et que celle-ci est une douleur propre aussi à l'état de guerre, il y a ici compensation; et le plaisir dont s'agit ne doit plus être porté en ligne de compte, ne restant plus pour l'état de guerre, que des inconvéniens dont l'état de paix est exempt.

Dans l'état de guerre, vous êtes exposés constamment à des actes d'hostilité, et leur attente vous tient dans une alerte et une anxiété perpétuelles; situation pénible, étrangère à l'état de paix. Dans l'état de guerre, les biens que vous pensez avoir à votre disposition peuvent vous être enlevés au moment du besoin, soit de vive force, soit par subtilité; dans l'état de paix, vous êtes en sécurité sur ce que vous possédez. Pour tromper votre ennemi, pour le prévenir, pour le combattre, vous employez, dans l'état de guerre, un temps, des forces et des combinaisons, dont vous feriez meilleur usage dans l'état de paix. En vient-on à des combats, comme cela ne peut manquer d'arriver souvent dans l'état de guerre, qu'en rapporte-t-on? des plaies, des meurtrissures, des mutilations, de longues infirmités, et souvent la mort; et d'ordinaire, le plus grand avantage du vainqueur, c'est d'être moins maltraité que le vaincu. L'état de paix, qui est exempt des maux dont je viens de parler, est donc préférable à l'état de guerre, pour qui veut se rendre heureux.

Cela posé, je dis que c'est aussi l'état de paix entr'eux, que les hommes préfèrent, et dans lequel ils se placent par leur volonté du bonheur. Car, comme le bonheur n'est pas un bien-être quelconque, mais le bien-être le plus grand, les hommes en voulant se rendre heureux, se placent implicitement dans l'état dans lequel seul ils peuvent l'être.

Si, comme je l'ai dit, l'état de société renferme l'état de paix entre les hommes, l'état de paix n'exige pas absolument l'état de société. Ce n'est pas une hypothèse absurde, que de supposer les hommes dans l'état d'isolement,

lement, chacun de tous les autres, et cependant d'accord sur leurs prétentions. Il faut donc démontrer maintenant que l'état de paix ne suffit pas pour se rendre heureux, et qu'il faut de plus entr'eux un état de corporation. Pour le faire sentir, ayons encore recours à la comparaison, et considérons les hommes dans leur enfance, dans leur vieillesse et dans leur moyen âge.

Avant toutes choses, il faut se faire une idée juste de l'état d'isolement, dans lequel nous allons envisager les hommes. Cet état ne se prend qu'au moral, et nullement au physique, comme je l'ai déjà insinué. Pour être dans l'état que j'appelle d'isolement, il n'est pas nécessaire que les hommes existent et se tiennent tous isolés les uns des autres. Les bêtes sont toutes dans l'état d'isolement, comme je l'ai prouvé, et cependant les bêtes ne se tiennent pas toutes ni toujours isolées les unes des autres : il en est au contraire qui se tiennent habituellement en troupes. Il en serait de même des hommes, et l'on doit penser qu'ils se tiendraient d'autant plus rapprochés les uns des autres, qu'on remarque en eux un plus grand penchant à s'imiter. Ce qui constitue l'état d'isolement des bêtes, n'est pas non plus le défaut de se rendre des services, mais le défaut d'intention d'obliger une autre. Il en serait de même des hommes : ce que l'un ferait pour sa santé personnelle, tournerait souvent aussi à l'avantage des autres : les hommes et les femmes se rechercheraient par besoin et trouveraient une satisfaction dans leur union ; la mère nourrirait et protégerait son enfant ; en un mot les hommes feraient ce que l'on voit faire aux brutes.

L'état opposé à celui de l'isolement, est l'état de corporation, qui se prend aussi plus au moral qu'au physique. Car, de même que des hommes rassemblés peuvent ne travailler à leur bonheur qu'isolément, de même des hommes dispersés peuvent s'occuper de cette affaire en corps. Ce qui constitue formellement cette corporation, ce sont des services mutuellement rendus avec l'intention d'obliger. Cela posé, voyons quel est le sort des hommes dans l'un et l'autre état.

Si, dans l'état d'isolement, la mère protège son enfant, si elle le nourrit, il n'y a aussi qu'elle qui s'occupe de ce soin. Que par quelqu'événement, la mère devienne incapable de continuer ce soin, qu'elle périsse ; il faut que l'enfant périsse de même. Dans l'état de corporation, où chacun s'intéresse à tous les autres, l'enfant privé de sa mère n'est point abandonné à lui-même : on lui prodigue des secours comme à un être, qui un jour doit les rendre avec usure ; on assiste, l'on protège l'enfant, du vivant même de la mère ; l'on assiste et l'on protège la mère elle-même à cause de lui.

Qu'est-ce qu'un vieillard abandonné à lui seul ? Un malheureux qui n'ayant plus assez de force, ni pour se défendre, ni pour se procurer des subsistances, périt ou de misère, ou par le moindre attentat contre sa vie. Tel est pourtant le sort du vieillard dans l'état d'isolement : il est plus à plaindre que l'enfant qui vient de naître. Il en est différemment dans l'état de corporation. Car telle est la constitution de cet état, que le fort du travail que le bonheur commun exige, est supporté par ceux des membres de la corporation qui sont dans l'âge de vigueur ; que le produit de ce travail est partagé non seulement entr'eux, mais encore entre les enfans et les vieillards : aux premiers, comme des avances qu'on leur fait sur les services qu'ils rendront un jour ; aux seconds, comme des arrérages qu'on leur paye, pour les services qu'ils ont rendus auparavant.

Laissons maintenant les âges extrêmes pour nous occuper des individus humains de l'âge moyen : et d'abord, observons que malgré la vigueur propre à cet âge, l'on est parfois frappé de quelqu'infirmité accidentelle. Dans ce cas qu'arrive-t-il dans l'état d'isolement ? Que le malade souffre, et périt souvent faute de soulagement ; un second périt de même après lui : tandis que dans l'état de corporation, ils eussent été sauvés tous les deux, par les secours qu'ils se seraient prêtés l'un à l'autre.

Mais arrivons au cours ordinaire des choses, et voyons si les hommes faits, bien portans, et vigoureux, peuvent être aussi heureux dans l'état d'isolement que dans celui de corporation. Le bien-être est toujours proportionné aux objets de jouissance que l'on possède, et à l'usage que l'on en peut faire librement. Mais l'homme qui est réduit à sa seule industrie, peut-il se procurer la possession d'autant de biens, que s'il combinait son travail avec d'autres ? Non sans doute. Que de choses, qu'une pluralité d'hommes peut exécuter facilement, quand leurs efforts sont concertés ou employés simultanément ; tandis qu'isolément aucun d'eux n'oserait les entreprendre ! Quand plusieurs se chargent de faire un ouvrage, chacun prend pour sa part du travail, ce à quoi il est le plus propre, et les choses n'en sont que mieux faites, quoiqu'avec moins de temps et de peines ; au lieu que si un seul est obligé de tout faire, qu'il y soit propre ou non, son ouvrage, plus difficilement exécuté, sera pourtant moins parfait.

Il ne suffit pas d'avoir le courage et les forces nécessaires pour exécuter quelque chose, il faut encore savoir s'y prendre : faute de cette connaissance, l'on perd souvent son temps et ses peines, sans réussir, ou du moins on y met plus de travail qu'il ne le faudrait. Il arrive même que faute de savoir faire une chose, on n'a pas même la pensée de l'entreprendre, quelqu'avantageuse qu'elle puisse être ; d'où il suit que l'état le plus convenable au bonheur, toutes choses d'ailleurs égales, est celui où les hommes ont le plus de connaissances. Or, cet état n'est assurément pas celui de l'isolement. Dans cet état, l'homme n'a pour s'instruire que sa propre expérience et l'exemple de ce qu'il voit faire, sans pouvoir s'approprier toutes les lumières des autres ; il est même trop occupé de ses besoins pour pouvoir se livrer à des méditations et à des recherches : au lieu que dans l'état de corporation, il est de l'intérêt des hommes de se communiquer les connaissances qu'ils ont acquises ; ils peuvent les transmettre d'une génération à l'autre, et les étendre par la réflexion et par des discussions.

Un homme est pour un autre, un objet et une cause immédiate de jouissance ; il l'est par rapport à cette volupté que produit le commerce des deux sexes ; il l'est par rapport au sens de la vue, par la belle forme deson corps, par les graces de ses mouvemens ; il l'est pour le sens de l'ouïe, par le beau timbre de sa voix, par la mélodie de son chant ; il l'est par rapport à son amour-propre, par l'effet de toutes les démonstrations qui peuvent le flatter. Dans l'état d'isolement, un homme procure ces jouissances à un autre, sans intention, et pour ainsi dire, fortuitement : dans l'état de corporation, un homme procure d'abord ces jouissances à un autre, de la même manière qu'il le fait dans l'état d'isolement, et de plus, il prend à tâche de les produire ; ce qui les multiplie. Si maintenant vous ajoutez à cela la diversité de sentimens que l'homme éprouve, en considérant ses semblables dans l'un et l'autre état ; dans l'état d'isolement, il ne voit en eux que des êtres qui, en quelque sorte, lui sont étrangers ; dans l'état de corporation, il éprouve la satisfaction de savoir que les hommes qui l'imitent, s'intéressent à lui : si, dis-je, on réunit cette considération à la foule des autres, on ne trouvera pas lieu de douter que l'état de corporation ne soit plus favorable au bien-être des hommes, que ne l'est l'état d'isolement.

Mais cet état de corporation, selon la manière dont il est constitué, est lui-même plus ou moins favorable à ce bien-être des hommes. Comme la nature de cette constitution dépend uniquement du mode selon lequel le travail et les biens que ce travail produit sont partagés entre les membres de la corporation ; supposons d'abord, en ce qui concerne le travail considéré par rapport à sa nature, que chacun y contribue à raison de son aptitude naturelle et acquise, et que considéré par rapport à sa quantité, chacun y contribue à raison de ses forces ; supposons ensuite, pour ce qui touche les biens que produit le travail commun, que chacun y participe selon la nature et la grandeur de ses besoins; dans ce cas, dis-je, la corporation est constituée de manière à être la plus efficace, pour l'effet qu'elle doit produire.

D'abord si le travail de chacun est proportionné à ses forces, nul n'est excédé, fatigué même, et le travail est aussi grand qu'il peut l'être; si le travail est adapté à ce que chacun peut le mieux faire, il cause moins de peine et de temps, et produit un meilleur résultat: enfin, si le travail commun réunit les deux conditions que nous venons de dire, il enrichit la communauté humaine le plus qu'il est possible, et aux moindres frais. Si ensuite les biens communs sont partagés entre les membres de la corporation, de manière à être adaptés à la nature des besoins de chacun, et proportionnés à leur grandeur, chacun se trouve dans la situation de jouir du plus grand bien-être possible; les biens qu'il a eus en partage, et dont il peut faire usage à cet effet, étant les meilleurs et les plus grands qu'il puisse avoir en sa possession.

Ainsi la corporation la plus propre à assurer le bonheur des hommes, est la corporation équitable; c'est ainsi que nous appellerons celle qui réunit les quatre conditions dont nous avons parlé, et que nous appellerons aussi corporation sociale, ou simplement société; et ce n'est pas abuser de ce terme, que de le restreindre comme nous le faisons, à la seule corporation équitable. Il est bien reconnu que, dans une société véritable, toutes choses se trouvent sur un pied d'égalité entre ses membres; et quand Aristote, Grotius et autres parlent d'une seconde sorte de société, qu'ils appellent société d'inégalité, ils prennent ce terme dans un sens impropre et pour une corporation quelconque. La preuve en est, qu'ils citent en exemple de cette sorte de société, la corporation du maître et de l'esclave.

Quoi qu'il en soit, il est démontré que ce n'est que, dans une corporation d'égalité, que seule j'appelle sociale, que les hommes peuvent trouver le bonheur; et de là je conclus que les hommes sont réellement dans l'état d'une pareille corporation. Au chapitre dernier, j'ai fait voir que les hommes par les ressources de leur imagination, peuvent concevoir et exécuter le projet d'une corporation sociale. Que faut-il maintenant pour pouvoir assurer que ce projet est une réalité; si ce n'est qu'ils ont tous la volonté de vivre socialement entre eux? Or, il n'y a pas de doute que cette volonté ne soit renfermée dans celle du bonheur, qu'ils ont tous : qui veut la fin, veut les moyens ; et nous avons démontré que ce n'est que dans l'état social, où les hommes puissent se procurer le maximum du bien-être, et par conséquent se rendre heureux.

CHAPITRE VII.

Caractères de la Société humaine.

La société humaine a pour premier caractère d'être générale par rapport aux hommes; par quoi j'entends qu'elle existe entre tous les hommes vivans; qu'elle a existé entre tous ceux qui ont cessé de vivre; qu'elle existera encore entre les hommes qui naîtront dans la suite, étant toujours la même société.

Qu'il existe une société entre les hommes vivans, c'est ce que nous venons de démontrer, et de là il suit que tous les hommes vivans sont membres de la même société. S'ils en formaient plusieurs, ces sociétés seraient entr'elles dans un état de guerre et d'isolement: état dans lequel nous avons vu que les hommes ne voulaient point vivre. Mais, comme ce qui se dit de vrai de la génération actuelle, l'est de toute autre, soit antécédente, soit subséquente, puisqu'en tous les temps les hommes sont des hommes, l'on peut affirmer que la société que forme une de ces générations, est la même que celle de toutes les autres, puisqu'en se succédant, ces générations s'enchevêtrent. De sorte qu'il faut considérer la société humaine comme ayant commencé avec le genre humain, comme ne devant finir qu'avec lui, et que seulement dans la succession des temps elle change de membres.

Observons que la société humaine est ainsi nommée, non seulement, parce qu'elle embrasse tous les hommes, mais encore parce qu'elle exclut tous autres êtres. Les bêtes, qui sont entr'elles dans l'état d'isolement et de guerre, sont dans le même état à l'égard des hommes : car naturellement elles sont insociables, comme nous l'avons vu; et quand même les hommes voudraient s'associer à elles, elles ne pourraient s'associer aux hommes. Ce que je dis ici en général, pourra peut-être éprouver quelque contestation en faveur de certaines bêtes. D'abord on avouera facilement qu'il n'existe point de société, ni de corporation quelconque, entre les hommes et celles des bêtes qui restent dans leur état sauvage et libre. On avouera même, qu'il existe entre ces bêtes et l'homme un état de guerre. Car il n'est aucune de ces bêtes, qui respecte ce que les hommes appellent leur propriété ; il n'est aucune de ces bêtes que l'homme épargne, du moment qu'elle lui devient préjudiciable ou incommode, ou quand il juge à propos de profiter de ses dépouilles. Mais, dira-t-on, en est-il de même des animaux domestiques?

A l'égard de cette sorte de bêtes, il est une distinction à faire entre celles qui restent dans l'état de domesticité d'une manière forcée, et celles qui y restent volontairement, et que, pour cette raison, l'on appelle privées. Quant aux premières, il est certain qu'elles ne diffèrent des bêtes sauvages, que par la privation de leur liberté, et que leurs dispositions naturelles étant les mêmes, leur état envers nous est également le même. Pour ce qui est des bêtes domestiques privées, elles ne diffèrent des autres que par leur manière d'asservissement. Les premières sont asservies de force ; les secondes par l'effet de l'habitude ; et l'habitude d'agir contrairement à sa nature, ne détruit point cette nature. Ces bêtes ont donc toujours à notre égard des dispositions hostiles, comme nous ne cessons d'en avoir au leur, et il ne laisse pas que d'y avoir souvent des occasions où les effets de ces dispositions se font sentir de part et d'autre. Il n'y a donc point de paix entre cette sorte d'animaux et nous, et encore moins une véritable corporation.

En preuve du contraire, on ne manquera pas de citer l'exemple du chien, son intelligence, l'attachement qu'il a pour son maître, les soins qu'il s'empresse de lui rendre; mais en tout cela, il n'y a rien qui ne puisse s'expliquer, tout en supposant qu'il existe entre le chien et son maître, un état de guerre et d'isolement. Que le chien ait plus d'intelligence que n'en ont communément les autres bêtes, cela ne fait rien à la chose; l'état de paix et de corporation a pour principe quelqu'acte de la volonté. Qu'il soit d'une grande docilité et capable d'apprendre des choses surprenantes, c'est en lui l'effet de son intelligence supérieure, au moyen de laquelle il saisit mieux les intentions qu'on a à son égard, de même que les suites des menaces et des promesses qu'on lui fait. La personne à laquelle le chien s'attache, et dont il suit les pas, est celle qui, la première, lui fait du bien et le caresse. Cet attachement n'est pas l'effet de la reconnaissance; mais il est d'abord celui de l'espérance ; il est ensuite celui de l'habitude ; il est enfin celui de la confusion que fait le chien de la personne de son maître avec son propre individu, et c'est à cette dernière cause qu'il faut attribuer tout ce que le chien fait pour la sûreté, la défense de son maître et de ce qui lui appartient. Le maître est aux yeux du chien ce que sont les petits aux yeux de la mère. L'attachement qu'à son tour le maître a pour son chien, est de la même nature. Le maître confond son chien avec sa propre personne ; et voilà pourquoi un maître fait souvent pour son chien, ce qu'il ne ferait pas pour son semblable. Ainsi, la conduite réciproque du maître et de son chien ne présente rien qui prouve que l'avantage que procure l'un à l'autre, ils le fassent comme à un autre ; seul caractère d'une véritable corporation. Quant à l'état de guerre, que je dis exister entre le chien et son maître, il se manifeste chaque fois que l'un d'eux cesse de confondre l'autre avec lui-même. Aussi voit-on souvent le chien désobéir au maître, et le maître maltraiter son chien et s'en défaire.

Le second caractère de la société humaine, est d'être générale par rapport aux affaires des hommes. Car ces affaires se confondent toutes avec celle de leur bonheur, et la société humaine a pour objet cette affaire et toute cette affaire.

De tout ce que nous venons de dire, il suit que la société humaine est l'unique société sur la terre : elle est l'unique, parce que les bêtes ne forment point de société, ni entre elles, ni avec nous : elle est l'unique, parce qu'elle embrasse tous les hommes et toutes leurs affaires. On me dira sans doute : s'il en est ainsi, que faut-il penser des sociétés domestiques, des sociétés civiles et politiques? Je réponds que ces corporations et plusieurs autres sont des sociétés réelles, qu'elles sont des sociétés nécessaires, mais des sociétés particulières et subordonnées à la société générale ; qu'elles n'ont d'autre objet que l'exécution de la société générale.

Il suit encore de ce qui précède que la société humaine est une société paisible : nous avons déjà dit qu'elle l'était par essence. Ici, il nous reste à expliquer comment elle peut l'être. Il n'y a pas de doute que, par l'effet de leur volonté du bonheur, les hommes, comme les autres animaux, ont des prétentions sur toutes choses. Pour faire voir maintenant

maintenant que ces prétentions des hommes n'ont rien d'opposé, et ne les constituent point en un état de guerre entr'eux, distinguons les prétentions qu'ils ont les uns sur les autres, d'avec les prétentions qu'ils ont sur le surplus des choses. Il est clair, d'après ce que nous avons établi touchant l'existence de la société humaine, que chaque homme a la prétention que tous les autres vivent socialement avec lui ; c'est-à-dire, qu'ils partagent équitablement avec lui le travail nécessaire au bonheur commun, et le produit de ce travail, dont l'usage constitue le bonheur de chacun. Or, du moment que ce partage doit se faire d'une manière équitable, il ne saurait y avoir de la contrariété entre leurs prétentions : car pour que ce partage soit équitable, il faut que, comme je l'ai déjà dit, chacun se livre au genre de travail auquel il est le plus propre, et en fasse autant qu'il peut : il faut que chacun jouisse selon la nature et le degré de ses besoins ; par où l'on voit que ce que chacun prétend, tous les autres le prétendent ; de manière qu'il n'y a pas lieu à aucune opposition. De même, les prétentions des hommes sont concordantes, si on les considère comme ayant pour objet les autres choses : car ils veulent tous le plus grand bien commun. Or, ce plus grand bien commun exige que chacun applique son travail à l'objet qui lui convient le mieux ; que chacun jouisse du bien qui lui convient le mieux. Or, il y a toujours assez de différences entre les hommes, surtout quand on les considère dans la situation où ils se trouvent, pour que le bien qui lui convient le mieux, ne convienne pas le mieux à un autre ; ce qui met toutes les volontés d'accord.

On ne manquera pas de me faire ici une différence, en disant : Soit, qu'il n'y ait jamais de contestation entre les membres de la société humaine sur la question de savoir si l'équité doit régner entr'eux et présider au partage de leur travail et de leurs jouissances ; mais il y aura toujours des contestations entr'eux, quand il s'agira de décider si tel ou tel partage est équitable ou non.

A mon tour, j'avancerai que dans l'état social, ces contestations doivent avoir lieu assez fréquemment ; mais je soutiens en même temps, que ce genre d'opposition ne les constitue pas dans un état de guerre. Ce qui constitue l'état de guerre, c'est l'opposition des volontés, et ici, il ne s'agit que d'oppositions de jugemens ; opposition passagère, qui ne peut pas constituer un état ; opposition d'ailleurs qui peut et doit être levée par l'effet d'une simple discussion : tandis qu'une opposition qui doit son existence à la volonté du bonheur, ne peut être levée par rien, et est aussi durable que cette volonté elle-même.

Le dernier caractère de la société humaine, c'est sa positivité ; caractère méconnu par tous les auteurs, tant modernes qu'anciens, qui ont enseigné l'existence d'une société générale parmi les hommes. Tous supposent que cette société est une chose purement naturelle et indépendante de tout fait humain.

Avoir prouvé, comme nous l'avons fait, que cette société prend naissance dans la volonté qu'ont les hommes de se rendre heureux ; c'est avoir mis sa positivité hors de toute atteinte. Voyons cependant sur quel fondement nos auteurs affirment si unanimement, qu'elle n'est qu'une chose naturelle.

Zénon a dit : Nous ne sommes pas nés,

chacun pour soi, mais pour la société humaine; et comme nous ne sommes pas nés par notre propre fait, on a conclu de là, que la société humaine n'est non plus que le fait de la nature. Cependant il eût été facile de s'apercevoir que cette conséquence n'est pas juste. Etre né pour quelque chose, c'est avoir, par le fait de sa nature, ou, si l'on veut, de sa naissance, l'aptitude de la faire ou de la devenir. Or, de ce que les hommes tiennent de leur nature de pouvoir vivre en société entr'eux, il ne s'ensuit pas de là que la société, dans laquelle ils vivront, soit indépendante de leur propre fait. De même qu'on dit que les hommes sont nés pour la société, on peut dire qu'ils sont nés pour les sciences, pour les arts, pour l'union conjugale; et cependant il ne s'ensuit pas de là, que les hommes naissent savans, artistes et époux. Pourquoi donc, de ce que les hommes sont nés pour la société, en conclue-t-on, qu'ils naissent associés? Si l'on eût employé la comparaison que nous venons de faire, on en serait venu à une conséquence tout opposée et plus juste. On eût dit, nous ne devenons savans, artistes, époux, que par ce que nous faisons nous-mêmes pour le devenir, bien que nous soyons nés pour la science, pour les arts, pour le mariage; donc ce n'est non plus que par notre propre fait, que nous devenons sociétaires entre nous, bien que nous soyons nés pour la société. Par où l'on voit que le principe, dont Zénon et ses partisans se servent, pour établir la naturalité de notre société générale, non-seulement ne prouve rien en leur faveur, mais prouve tout le contraire.

Parmi les stoïciens modernes, Burlamaqui a cherché à établir, à sa manière, cette naturalité de notre commune société. Après avoir défini ce qu'il appelle les états primitifs et originaires, en disant qu'ils sont ceux *où l'homme se trouve placé par la main même de Dieu et indépendamment d'aucun fait humain* (voy. Princ. du Droit naturel, Part. I, chap. 4), il procède ainsi pour prouver que la société générale des hommes est un de ces états. Les hommes, dit-il, *habitent tous une même terre; ils sont placés les uns à côté des autres; ils ont tous une nature commune, mêmes facultés, mêmes inclinations, mêmes besoins, mêmes desirs.* Il est clair que, si ce que l'auteur dit jusqu'ici suffisait pour établir une société générale parmi les hommes, on pourrait affirmer de même qu'il existe une société générale parmi les bêtes de la même espèce : car ces bêtes habitent aussi toutes une même terre ; elles sont placées les unes à côté des autres ; elles ont toutes une nature commune, mêmes facultés, mêmes inclinations, mêmes besoins, mêmes desirs. Or, non seulement une pareille société est une chimère, comme cela résulte de ce que nous avons dit précédemment, mais nos auteurs eux-mêmes n'en reconnaissent point l'existence.

L'auteur continue de la sorte : *Ils* (les hommes) *ne sauraient se passer les uns des autres, et ce n'est que par des secours mutuels, qu'ils peuvent se procurer un état agréable et tranquille.* Rien de plus vrai, et cela prouve que les hommes ont le plus pressant besoin et le motif le plus puissant de s'unir en société ; mais cela ne prouve pas que les hommes sont réellement associés.

Burlamaqui semble avoir bien senti lui-même le faible des raisons qu'il a mises en avant jusqu'ici, pour prouver l'existence d'une société générale parmi les hommes. Il semble avoir bien senti que, pour établir une pareille union parmi eux, il fallait de leur part quelque chose d'actif et de volontaire, et voilà sans doute pourquoi il ajoute : *Aussi remarque-t-on en eux une inclination naturelle, qui les rapproche et qui établit entre eux un commerce de secours et de bienfaits, d'où résulte le bien de tous et l'avantage particulier de chacun.*

Je ne veux pas examiner ici, si, pour être en société, il suffit, de la part des hommes, de se tenir dans un état de rapprochement et de faire entr'eux un commerce quelconque de services et de bienfaits; mais j'observerai que ce rapprochement et ce commerce, en quoi qu'il puisse consister, sont des actes volontaires. Sur quoi je raisonne ainsi : Ou ces actes ont la vertu de constituer les hommes en état de société, ou ils ne l'ont pas. Dans ce dernier cas, Burlamaqui a tort de s'en appuyer en preuve de l'existence de cette société. Dans le premier cas, Burlamaqui a tort de considérer la société humaine comme une chose naturelle; ces actes, qui lui servent de fondement, étant des faits humains. Ainsi tombe tout ce que cet auteur met en principe, pour prouver que la société humaine est une chose purement naturelle.

Quelle force n'a pas la prévention, quand

une fois elle est généralement établie ! Et combien elle se propage facilement, quand elle a pour principe l'erreur d'un homme de génie ! Zénon a révélé aux hommes l'existence de leur commune société ; mais il a présenté cette société comme une chose purement naturelle ; et toujours depuis on l'a considérée ainsi, malgré la faiblesse des raisons alléguées en faveur de cette doctrine, malgré la force des difficultés qu'elle accumule contre elle.

Et d'abord l'idée seule d'une société formée sans la participation de ceux qu'elle unit, me paraît une chose inconcevable. Elle aurait dû paraître suspecte à ceux même qui les premiers l'ont conçue, n'étant justifiée par aucun exemple de sociétés connues.

Comment ensuite amalgamer cette société générale purement naturelle avec les diverses sociétés particulières des hommes, qui toutes sont positives ? Comment les mêmes hommes peuvent-ils être à la fois membres de sociétés si disparates ? et quelle relation ces sociétés peuvent-elles avoir entre elles ?

Puisque, comme on le suppose, Dieu seul est l'auteur de la société générale des hommes, comment a-t-il fait un ouvrage incomplet et insuffisant ? Est-ce défaut de sagesse, de puissance ou de volonté ? Puisque, comme on le suppose, la société générale établie de Dieu, a dû trouver son complément dans les sociétés positives, comment se fait-il que les hommes se trouvent dans la nécessité de perfectionner l'œuvre de Dieu ? Sont-ils plus sages, plus puissans, ou mieux intentionnés que lui ? ou plutôt, puisqu'on suppose les hommes capables d'ajouter les complémens nécessaires à leur grande société, pourquoi ne les trouve-t-on pas capables de former une grande société eux-mêmes et sans l'action immédiate de Dieu ?

Dieu n'a pu associer lui-même les hommes sans les assujettir à une manière déterminée de vivre, et dans ce cas, il les prive de la faculté de choisir, dont il les a doués en les formant : ce qu'il leur donne d'une main, il le leur ôte de l'autre.

Si la société humaine est naturelle, si les hommes sont associés par le fait de leur naissance, quand est-ce qu'ils ne sont que sociables ? Serait-ce avant de naître et par conséquent avant d'être des hommes ? Car la sociabilité précède la société, comme la perfectibilité précède la perfection, comme la mobilité précède le mouvement. Embarrassés de cette difficulté, que font nos auteurs? Ils dénaturent la signification du mot sociabilité. Au lieu d'entendre, par ce mot, l'aptitude naturelle de former et d'entretenir une société, ils lui font signifier la vie sociale elle-même, qui en un fait humain, et un fait subséquent à la société. De sorte qu'ils transforment la sociabilité en une chose positive et antérieure à la société, et la société elle-même en une chose naturelle et antérieure à la sociabilité. Est-il possible d'attacher aux termes un plus grand contresens: et quand pour soutenir un système, il faut avoir recours à un pareil expédient, que faut-il penser de ce système?

Telles sont les difficultés dont s'embarrassent nos auteurs, en supposant que la société humaine est une chose purement naturelle : mais changez d'hypothèse, tous ces embarras, toutes ces difficultés s'évanouissent. Supposez que la société générale des hommes soit leur propre fait, vous n'aurez plus les soins de vous efforcer inutilement, de concevoir une société sans association positive; vous n'aurez plus besoin de placer les hommes simultanément en des sociétés d'une essence opposée, et de chercher à concilier deux états qui sont inconciliables ; les hommes ne seront plus que dans une seule société d'une nature positive ; les sociétés, que vous appelez civiles ou politiques, ne seront plus que des sectionnemens de la société générale, établis pour l'exécution de celle-ci ; la sociabilité deviendra une disposition naturelle, et la société un fait subséquent à la sociabilité. Si les hommes sont les seuls auteurs de leur société, ce sont eux seuls aussi qui déterminent la conduite qu'ils ont à tenir, et par-là vous déchargez la Divinité d'une contradiction où vous la faites tomber, en supposant qu'après avoir accordé aux hommes un franc-arbitre, elle leur en ôte l'usage en déterminant ce qu'ils doivent faire. Si les hommes sont les seuls auteurs de leur état social ; s'ils ne partagent point le soin de cet établissement avec Dieu ; si leur lot n'est plus de completter et de perfectionner l'ouvrage de Dieu, vous n'aurez plus à justifier la puissance, la bonté ni la sagesse de Dieu, pour n'avoir fait qu'une œuvre insuffisante. En un mot, si vous admettez que la société humaine a pour fondement un acte volontaire de la part des hommes, tout se conçoit, tout rentre dans l'ordre naturel des idées.

Que l'on ne pense point néanmoins que mon intention soit d'ôter à la Divinité l'influence qu'elle a nécessairement sur l'existence de l'ordre social parmi les hommes. Dieu en est l'auteur, mais non pas comme l'enseignent nos auteurs, d'une manière immédiate, et pour en avoir posé lui-même les premières bases seulement. Il est l'auteur des sociétés particulières, comme il est l'auteur de la société générale ; il est auteur de la société générale, de la même manière dont il est l'auteur des sociétés particulières, c'est-à-dire, d'une manière médiate, et en se servant des hommes même pour les établir. *Il est ridicule de s'imaginer*, dit Puffendorf, *que Dieu soit l'auteur des êtres moraux, de la même manière qu'il est l'auteur du ciel et de la terre, et qu'il ait produit les premiers comme les derniers, immédiatement et sans le ministère d'aucune créature.* (Voy. *Droit de la Nature et des Gens*, liv. 6, ch. 1, § 12.) Si donc, selon Pufendorf lui-même, Dieu n'est l'auteur des êtres moraux que d'une manière médiate, et en se servant du ministère de quelques créatures, c'est-à-dire, des hommes, ce n'est que d'une manière médiate et en se servant de la volonté même des hommes, qu'il est l'auteur de leur ordre social, fondement unique et nécessaire des êtres moraux.

J'avoue que, malgré ce principe favorable à la positivité de l'union sociale des hommes, Pufendorf qui le pose, est pourtant du nombre de ceux qui disent que l'établissement de la société générale des hommes est indépendant de tout fait humain. Mais que penser de cette contradiction manifeste de notre auteur, si ce n'est que le préjugé, si généralement accrédité en faveur de la naturalité de la société humaine, a tellement aveuglé ou intimidé Pufendorf, qu'il n'a point tiré d'un principe incontestable, qu'il a posé lui-même, la conséquence la plus naturelle.

Il suit, de ce que nous venons de dire, qu'à la question que l'on fait : *qui est l'auteur de la société humaine?* on peut et on doit répondre : Ce sont les hommes; c'est Dieu; avec cette distinction, que les hommes en sont les auteurs immédiats, et que Dieu en est l'auteur médiatement, en se servant pour l'établir de la volonté même des hommes.

CHAPITRE VIII.

La Société humaine doit son existence à un contrat. Caractères de contrat social.

J'AI démontré ce que les stoïciens n'ont jamais fait que supposer, je veux dire l'existence d'une société générale parmi les hommes. J'ai démontré contre ces mêmes stoïciens, que la société humaine était d'une nature positive, et par conséquent fondée sur un fait, dont les hommes sont les auteurs, et auquel ils participent tous. J'ai maintenant à faire voir que ce fait commun est un contrat : et pour cet effet, rappelons ici quelques principes précédemment posés.

Nous avons dit qu'il existait dans chaque être vivant une tendance vers sa meilleure vie, ou son plus grand bien-être ; que dans les animaux, cette tendance était volontaire, et que le bien-être qui en est l'objet, prenait le nom du bonheur. Nous avons dit aussi que la volonté du bonheur était une prétention sur toutes choses, et que les prétentions que les hommes ont les uns à l'égard des autres, étaient des prétentions sociales.

Ces prétentions sociales, les hommes se les manifestent les uns aux autres; car elles ne sont rien de distinct de la volonté du bonheur, que chacun fait connaître par tout ce qu'il fait, et par son existence même; car, qui voit un homme ou en entend parler, sait par là même qu'il veut se rendre heureux. Or, cette manifestation que se font réciproquement les hommes de leurs prétentions sociales, constitue un véritable contrat. La prétention sociale est d'abord la volonté que chacun a, que tous les autres partagent équitablement avec lui le travail qu'exige le bonheur commun, et le bénéfice de ce travail. Elle est ensuite la volonté de partager soi-même ces deux choses équitablement avec tous les autres. Or, la manisfestation que les hommes se font réciproquement de la volonté qu'a chacun d'eux de partager équitablement le travail commun en vue du bonheur, et le produit de ce travail est une véritable convention.

Observons maintenant que, par cette convention, il se trouve que chacun promet ce que tous les autres exigent de lui; car ce que chacun promet, c'est de partager équitablement le travail du bonheur et son produit;

ce que tous veulent et exigent de chacun, c'est aussi qu'il partage équitablement le travail du bonheur et son produit. De là, il faut conclure que chacun se trouve dans la nécessité de faire ce qu'il promet par sa convention sociale; car s'il ne le faisait pas, il y serait contraint par tous les autres, qui ont à la fois la volonté et la puissance nécessaire pour cela. Or, qu'est-ce qu'un contrat? si ce n'est une convention sanctionnée, c'est-à-dire, une réciprocité de promesses faites par des personnes, qui se placent dans la nécessité d'exécuter ce qu'elles promettent. Il est donc vrai de dire que la société humaine doit son existence à un contrat.

Le contrat social a pour caractère d'être formé implicitement, savoir; par la manifestation que se font les hommes réciproquement de la volonté qu'ils ont de se rendre heureux; secondement, d'être sans cesse renouvelé, étant formé par la manifestation dont nous venons de parler, manifestation que les hommes se font par chacune de leurs actions volontaires; d'être nécessaire, telle étant la volonté du bonheur; d'être libre, la volonté du bonheur n'étant l'effet d'aucune contrainte, ni d'aucune cause étrangère à la nature de l'homme.

La

La société humaine étant l'unique société, le contrat qui lui sert de base est aussi l'unique contrat social; de même que les sociétés particulières sont renfermées dans la société générale, de même les contrats des sociétés particulières sont renfermées dans le contrat de la société générale. Il y a plus : c'est que le contrat social est l'unique contrat. En effet, les hommes ne sauraient faire de convention valable entr'eux, à moins qu'elle ne se rapporte à leur bonheur commun. Or, la convention sociale renferme et détermine toutes les dispositions à prendre, toutes les actions à faire pour arriver à ce but. C'est sous ce point de vue, qu'elle est le fondement du droit, comme nous allons le voir dans la seconde partie de cet ouvrage.

Je ne saurais terminer ce chapitre, sans dire quelque chose d'un ouvrage célèbre et généralement lu : je parle de celui qui a pour titre du *Contrat Social*. Je laisserai à d'autres de juger, si ce traité forme un corps de doctrine toujours claire, toujours conséquente, et vraiment instructive; si J.-J. Rousseau a bien conçu ce que c'est qu'un contrat de société : mais je dois observer que le contrat social, à la façon de J.-J. Rousseau, n'a guère de commun avec celui dont je viens de démontrer l'existence, que le nom. En effet, nous venons de voir que le véritable contrat social était unique et général parmi les hommes, qu'il a pour objet le bonheur commun; qu'il est d'une nature indissoluble; qu'il est formé directement par tous les individus humains, qu'il établit parmi eux un état de paix; tandis que dans le système de J.-J. Rousseau, il y a autant de contrats de société, qu'il y a de corporations politiques; que ces contrats se dissolvent par la moindre violation; qu'ils n'ont pour objet que la conservation de ceux qui les forment; qu'ils ne sont formés directement que par les chefs de famille; que loin de detruire l'état de guerre entre les diverses corporations politiques, ils semblent n'être formés, que pour mieux faire la guerre. Enfin, avec tous ces défauts, comment imaginer que la justice universelle n'ait d'autre cause, que le contrat social à la façon de J.-J. Rousseau? L'auteur lui-même ne le prétend pas, tandis que nous allons voir que la justice et le droit ne sont autre chose, que l'exécution du véritable contrat de société.

SECONDE PARTIE.

LE CONTRAT SOCIAL EST LE FONDEMENT DU DROIT.

J'AI démontré l'existence d'un contrat qui unit tous les hommes en une seule et même société permanente. J'ai à établir maintenant que ce contrat est le fondement du droit.

Cette assertion se trouvera établie de la manière la plus incontestable, si je prouve que le droit n'est autre chose que l'exécution de ce contrat de société générale des hommes.

Il n'y a qu'une manière d'administrer cette preuve. Elle consiste à faire voir que les caractères propres aux actions du droit, conviennent aux actions exécutives du contrat social, et lui conviennent exclusivement. C'est aussi ce que nous allons faire.

CHAPITRE PREMIER.

Élection du Droit.

Le contrat qui unit les hommes en société pour l'affaire de leur meilleure vie, est volontaire de leur part : il est donc un effet de leur choix. Car vouloir une chose, c'est la préférer à son contraire, et par conséquent choisir. Il suit de là que les actions exécutives du contrat social sont aussi d'une nature élective, étant déterminées par la volonté de ceux qui forment ce contrat. Si nous supposons maintenant que l'exécution du contrat social forme le droit des hommes, le droit ainsi conçu a un grand avantage sur le droit tel que le conçoivent nos auteurs. Car dans le système de nos auteurs, ce ne sont pas ceux qui ont à pratiquer le droit qui déterminent les actions qui les composent; c'est l'être dont ils dépendent ; c'est le souverain pour le droit positif; c'est Dieu pour le droit naturel. L'avantage dont je parle, consiste en ce que les hommes se portent plus volontiers à faire ce qu'ils veulent eux-mêmes, qu'à faire ce qu'un autre leur prescrit. Il consiste encore en ce que les pensées des hommes prennent plus d'élévation, quand ils considèrent qu'ils sont leurs propres législateurs.

La doctrine des auteurs inspire aux hommes une secrète aversion pour tout ce qu'on dit être leur devoir, et un esprit de récalcitrance contre toute espèce de direction; elle les avilit à leurs propres yeux par la comparaison qu'ils font de leur état de sujétion avec l'indépendance des bêtes, qui ne font que ce qu'elles veulent elles-mêmes, et non pas ce que d'autres veulent.

Si l'on considère la doctrine des auteurs dans ses effets sur l'esprit du souverain, on voit un autre mal. Tandis qu'elle ravale les sujets au-dessous de la condition des brutes, elle exalte le souverain au-dessus de celle des hommes, et en corrompt le jugement, au point de lui faire croire que les autres ne sont faits que pour s'humilier devant lui, et exécuter ses caprices. Il en est tout autrement, quand ceux qui sont chargés de gouverner les autres, ne voient plus dans leurs fonctions, que le devoir de connaître et d'édicter la volonté de tous.

CHAPITRE II.

Liberté du Droit.

Non seulement les hommes choisissent et déterminent eux-mêmes les clauses de leur commune association, mais encore ils le font librement; car cette détermination et ce choix se font implicitement par leur volonté même du bonheur. Or, comme je l'ai déjà dit, il n'y a rien de plus libre dans l'homme, que cette volonté; elle n'est l'effet d'aucune contrainte, d'aucune force extérieure; elle est essentiellement spontanée. On me dira qu'elle est nécessaire, et certes elle l'est; mais toute nécessité ne détruit point la liberté; autrement il n'y aurait rien de libre dans la nature: car rien ne s'y fait d'une manière contingente et sans cause prédominante, ce qui constitue toujours une nécessité. S'il y a donc une nécessité incompatible avec la liberté, ce n'est jamais celle qui a son principe dans la nature même d'un agent, mais toujours celle qui a son principe dans quelque chose d'étranger à cette nature ; et comme dans l'homme la volonté du bonheur est l'effet de son mécanisme naturel, l'on ne peut pas dire qu'elle manque de liberté, par la raison qu'elle est nécessaire.

De ce que c'est librement que les hommes veulent et déterminent les conditions de leur contrat de société, il s'ensuit qu'en exécutant ces conditions, ils sont toujours libres, de quelle que manière que ce soit qu'ils les exécutent ; car il est impossible que l'homme ne fasse pas librement, ce que librement il s'est décidé de faire. Je sens bien l'objection qu'on me fera ici ; on me dira : souvent l'homme n'exécute sa promesse, que par contrainte, ou même par force ; or, l'homme violenté, ni même l'homme contraint ne sont libres. Cette difficulté, appliquée au cas dont nous parlons, se résout comme je vais le dire. J'avoue d'abord que les hommes ne font pas toujours les actions qu'ils s'engagent de faire par le contrat social, et qu'ils font souvent le contraire ; mais, en faisant des actions insociales, ils agissent involontairement ; car ils ne peuvent pas avoir, sur un même objet, deux volontés qui se détruisent ; et il est certain qu'ils ne veulent que faire des actions sociales et exécutrices de leurs promesses. Cette volonté est, comme nous l'avons vu, celle du bonheur elle-même. Lors donc qu'on force ou que l'on contraint un homme à faire une action sociale, loin de toucher à sa liberté, on ne fait que lui prêter une assistance dont il a besoin pour faire ce qu'il veut librement, et l'empêcher de faire ce qu'il ne veut pas.

Cela posé, si l'on considère l'exécution du contrat social comme formant le droit des hommes, il est bien démontré que les hommes agissent toujours librement, quand ils pratiquent le droit; qu'ils sont libres, quand ils l'observent de gré; qu'ils sont encore libres, quand ils l'observent de force et par contrainte. Voyons maintenant où en sont nos auteurs sur cette matière.

D'abord, si j'excepte J.-J. Rousseau, il n'y a pas d'auteur, que je sache, qui regarde comme libre celui qui remplit un devoir par force et par contrainte. Je soutiens ensuite que c'est une contradiction de leur part, de supposer que celui qui satisfait à un devoir sans force ni contrainte, soit libre; car, qui remplit un devoir, fait une chose à laquelle il est obligé. Or, nos auteurs regardent l'obligation comme une restriction de la liberté, et la définissent par ces termes mêmes.

J'ai dit qu'un homme qui fait une action contraire aux stipulations du contrat social, agissait aussi contrairement à sa volonté, et n'était point libre; qu'il agissait contrairement à sa volonté, en ce que sa véritable et seule volonté était d'exécuter les stipulations dont il s'agit; qu'il n'était point libre, en ce qu'il trouvait dans son propre égarement, ou dans quelqu'autre cause, un obstacle qui l'empêchait de faire ce qu'il veut; et l'on croira trouver en cela un moyen de rejeter l'hypothèse, que nous cherchons à faire prévaloir, que le droit n'est autre chose que l'exécution du contrat social. On dira que, si la violation du droit était toujours involontaire et l'effet d'un défaut de liberté, elle ne serait jamais punissable.

Sans doute, il est des cas où la violation du droit doit rester impunie; c'est celui d'abord d'une ignorance invincible; c'est celui ensuite d'une parfaite impuissance physique. Dans ces cas, il n'y a pas de corruption du jugement, ni d'égarement de la volonté:

La violation du droit est l'effet seul d'une cause étrangère à l'homme ; elle l'est d'une erreur ou d'une impuissance qui ne viennent point de lui. Sur ce point, nos auteurs sont d'accord avec moi ; mais ils ont tort de trouver indue et déraisonnable la punition de celui qui viole le droit par faiblesse, ou par malice, quand même dans ces deux cas il agirait d'une manière involontaire et non libre. Dans ces deux cas, le prévaricateur non seulement peut être puni, mais encore il doit l'être. Pour ramener à la pratique du droit celui qui pèche par ignorance, il suffit de l'éclairer ; pour ramener à la pratique du droit celui qui pèche par impuissance, il suffit de l'assister ; mais pour ramener à la pratique du droit celui qui pèche par faiblesse, ou par malice, il faut le punir ; il faut l'éclairer et l'assister par le mal qu'on lui fait supporter.

Pour prouver que dans ces cas la punition est un moyen efficace pour ramener le prévaricateur, et le seul moyen praticable, il suffit de considérer ce que c'est que pécher par faiblesse et pécher par malice : l'on pèche par faiblesse, quand on n'a pas le courage ou la force de supporter le mal, ou la privation du bien que l'observation du droit exige ;

et ce défaut de force ou de courage a son principe dans le balancement que l'on fait des effets résultans de l'observation du droit, et des effets résultans de son inobservation; balancement qui se trouve être en faveur de ces derniers. Maintenant que faut-il faire pour redresser ce jugement erroné, si ce n'est d'ajouter un nouveau poids aux effets résultans de l'observation du droit, ou de diminuer le poids des effets attribués à son inobservation. Le premier moyen est impraticable; car ce nouveau poids ne pourrait être qu'un avantage extraordinaire, qui, tournant au préjudice de ceux qui ont la force nécessaire pour observer le droit, serait par cela même une iniquité. Le moyen d'obtenir de l'homme faible la pratique du droit est donc de le punir, quand il pèche; car le mal qu'on lui inflige dans ce cas, diminue d'autant le poids des attraits que lui présente le manquement au devoir; et que ce moyen soit efficace, il n'y a pas lieu d'en douter; car, au moral comme au physique, toute opposition se décide en faveur de la force supérieure.

Celui qui pèche par malice, croit faire le bien tout comme celui qui pèche par faiblesse; car il est impossible à l'homme de faire le mal uniquement pour le mal, sa volonté ne pouvant se porter que vers le bien. L'homme malicieux ou méchant agit donc par erreur, tout comme l'homme faible : comme l'homme faible, il fait un faux calcul, un balancement défectueux des résultats de ce qu'il fait, et des résultats de ce qu'il doit faire. Si donc on veut le corriger, il faut le punir comme l'homme faible, et même il faut lui infliger une peine plus forte. L'homme faible ne fait que se laisser entraîner par l'erreur où il est; l'homme malicieux, au contraire, est celui qui s'obstine dans son erreur, qui préfère son propre jugement au jugement des autres, et même de ceux qui sont chargés d'édicter le droit; et c'est pour cette raison qu'on attribue son action à la malice. On l'attribue encore à ce principe pour une autre cause étrangère à l'homme faible : c'est que, méprisant toute édiction du droit contraire à sa manière de voir, il spécule sur les chances de l'impunité ; ce qui ajoute un nouvel attrait au mal qu'il veut faire, attrait qui ne peut être détruit que par une peine plus forte.

Je conclus donc que le défaut de volonté et de liberté, que j'attribue à ceux qui manquent aux clauses du contrat social, n'est pas une raison pour ne pas regarder l'exécution de ce contrat comme étant le droit des hommes ; et qu'au contraire, la liberté avec laquelle les hommes, ainsi que je l'ai prouvé, exécutent toujours ce qu'ils promettent par le contrat social, est une raison décisive pour confondre le droit humain avec cette exécution ; puisque dans le système adopté par nos auteurs, les hommes pratiquant le droit ne jouissent point de leur liberté naturelle.

CHAPITRE III.

Utilité du Droit.

PARMI toutes les actions dont les hommes sont naturellement capables, il n'en est qu'un nombre déterminé qu'ils se sont engagés de faire par leur traité de *société*; et quelles sont ces actions? Ce sont précisément celles qui ont, avec leur bonheur, un rapport de convenance et de causalité. C'est pour cette raison que ces actions sont économiques, qu'on les appelle droites et justes, en prenant ce dernier mot dans son sens impropre, et pour ce qui est bien ajusté ou précisément ce qu'il faut être; c'est pour cette raison enfin, qu'on les appelle bonnes, c'est à-dire, d'un bon effet.

Cela étant, si l'on adopte l'hypothèse que le droit des hommes consiste dans l'exécution de leur pacte social, ce n'est plus une question, de savoir si les actions du droit sont des actions utiles et profitables à celui qui les fait, puisque par elles il arrive au bonheur, et n'y peut arriver que par elles.

Hors de cette hypothèse on peut bien l'affirmer, mais non pas le prouver.

Cicéron, dans son Traité des Offices, dit que les stoïciens étaient partagés sur la question si l'honnête est toujours utile; que les uns soutenaient l'affirmative et les autres la négative. Quand nous aurons fixé le sens qu'il faut attacher au mot honnête, ce que nous ferons dans la suite, nous verrons que la question dont s'agit se rend par celles-ci: Si l'action avantageuse aux autres est toujours avantageuse à celui qui la fait; bien entendu qu'il s'agit ici d'une action du droit, car l'épithète d'honnête ne s'applique point à d'autres actions. Cicéron fait ensuite un juste reproche à Panétius, aussi de la secte des stoïciens, philosophe dont il vante la sagesse, et des lumières duquel il avoue avoir profité pour composer son propre ouvrage; il lui reproche, dis-je, d'avoir négligé de traiter la question dont il s'agit, dans ce qu'il a écrit sur l'honnête. Le dissentiment des stoïciens sur la question dont s'agit; cette affectation de Panétius de la passer sous silence, dans un écrit fait pour en traiter, prouvent bien évidemment combien elle était embarrassante pour ceux qui, avant Cicéron, ont écrit sur la morale et le droit. Observons encore qu'il s'agit ici d'auteurs d'une secte, dont la doctrine fondamentale était, que les hommes sont nés les uns pour les autres, et forment entr'eux une société naturelle.

Cicéron enfin traite lui-même et décide affirmativement la question dont s'agit; et il y consacre tout un livre de ses Offices, c'est-à-dire, le tiers de tout l'ouvrage. Pour établir sa thèse, ce philosophe auteur emploie un raisonnement qu'il présente sous mille formes différentes, et qui au fond laisse toujours la question indécise. Ce raisonnement se réduit à ceci : Ce qui est honnête est toujours utile; parce qu'il n'y a d'utile, que ce qui est honnête ; parce que l'utile et l'honnête sont des choses inséparables : *Eadem utilitatis quæ honestatis est regula*. Or, l'on sent que c'est là précisément ce qu'il aurait fallu prouver.

Les auteurs modernes soutiennent tous l'utilité du droit, mais sans autre preuve que l'autorité de Cicéron et des passages du livre des Offices. De sorte que l'on peut dire des auteurs en général, qu'ils sont dans l'impossibilité de rendre raison, pourquoi le droit est

toujours

toujours utile et avantageux à celui qui le pratique.

Dans notre système, et en supposant qu'il existe un contrat qui unit les hommes en société pour l'affaire de leur plus grand bien-être, chacun des membres de cette société est un bien commun à tous. Il l'est comme objet de jouissance ; il l'est comme instrument d'économie : de sorte que tout ce qui tend au bien-être, et par-là au perfectionnement de ces membres de la communauté humaine, enrichit cette même communauté, et tourne au profit de chacun, comme tout ce qui grossit le capital et le dividende d'une compagnie de commerce. Il n'est donc pas étonnant que, dans notre système, l'on explique très-bien comment l'honnête est utile, c'est-à-dire, comment ce qu'on fait d'avantageux aux autres hommes, est avantageux à soi-même. Mais on conçoit très-bien aussi que l'on ne peut parvenir à faire cette explication qu'en adoptant notre système ; et c'est précisément ce que je demande à tous ceux qui enseignent, d'après Cicéron, que l'honnête est toujours utile, que l'utile et l'honnête sont des choses qui vont de pair.

CHAPITRE IV.

Justice du Droit.

La justice est un de ces termes, qui, comme ceux de raison, de droit et autres, prennent diverses significations, au détriment de la vraie science : de sorte que, quand on ne veut pas profiter de leur équivoque, il faut commencer par les définir.

Il est certain que le mot de justice a été formé de celui de juste, comme tous les substantifs abstraits sont formés de leurs adjectifs. Il faut donc recourir au mot juste pour savoir la vraie signification du mot justice.

Il est d'abord un premier sens que présente le mot juste, c'est celui d'ajusté ou de précis, comme je l'ai dit. Pris dans cette acception, il s'emploie au naturel et au figuré. Quand on dit : Il est midi juste, ce vêtement est juste, il se prend au naturel ou au physique ; dans le premier exemple pour précis ; dans le second pour bien ajusté : mais dans ces circonstances, le contraire de juste ne s'exprime pas par le mot injuste ; on se sert de celui de pas juste ; comme aussi le substantif qu'on en forme n'est pas justice, mais justesse. Il en est différemment quand ce mot, signifiant toujours la même chose que précis ou bien ajusté, s'emploie au moral ou au figuré. Alors son substantif est justice, et son contraire s'appelle injuste. Mais alors aussi il signifie la même chose que droit, pris adjectivement, comme je l'ai déjà remarqué. Il est si vrai qu'il a cette signification, que pour parler d'une action inverse d'une action droite, il faut se servir de l'expression d'action injuste. Il est des circonstances aussi où le mot de justice se prend pour celui de droit employé substantivement, comme quand on dit, que la justice renferme toutes les vertus. *Justitia in sese virtutes continet omnes :* proposition qui ne serait pas vraie, si l'on ne supposait pas que l'objet de la vertu appelée justice, est le droit dans toute son étendue.

Laissons maintenant de côté cette première signification des mots juste et justice, pour parler d'une autre non moins impropre.

Si l'on cherche dans le droit romain la définition de la justice, on trouve dans le Digeste qu'elle est une volonté constante et perpétuelle de rendre à chacun ce qui lui est dû. *Justitia est constans et perpetua voluntas jus suum cuique tribuendi* (V. liv. I, chap. 1, L. 10). Cette définition du jurisconsulte Ulpien est devenue classique ; la plupart des auteurs l'ont adoptée, et cependant ce n'est pas la véritable définition de la justice : c'est celle de l'équité ; car l'action de rendre à chacun ce qui lui est dû, est l'action propre de l'équité, puisqu'elle tend à mettre de l'égalité parmi les hommes.

Ulpien n'est pas le premier qui ait confondu la justice avec l'équité. Aristote l'a fait avant lui, quand il divise la justice en distributive et commutative ; car la base d'après laquelle doit se faire toute distribution et toute commutation, c'est la base de l'équité. Cette division d'Aristote est aussi devenue un enseignement classique. Celle que fait Grotius en justice explétive et justice attributive, est au fonds la même que celle d'Aristote.

Ce qui prouve évidemment que les deux significations, dont nous venons de parler, ne sont pas les significations propres du mot justice, c'est qu'il est des mots propres pour les rendre ; savoir : celui de droit et celui d'équité ; mais il n'est point de terme technique autre que celui de justice, pour rendre la véritable signification de ce mot.

Grotius, Burlamaqui, M. Perreau, et généralement les auteurs font dériver le mot latin *jus* du verbe *jubere*, et immédiatement de son participe *jussum* ou *jusum*. Le mot *justum*, que nous rendons par celui de juste, est évidemment de la même dérivation et signifie proprement, ce qui est conforme à son commandement, à sa jussion. Burlamaqui dit formellement qu'*une action juste est celle que l'on considère comme conforme à la volonté d'un supérieur qui la commande*. (V. Part. 2, ch. 8, § 2.) Par où l'on voit que la justice du droit n'est pas l'équité du droit, encore moins le droit lui-même ; mais la conformité de ce droit avec la jussion ou le commandement dont il est l'objet.

Avoir ainsi fixé invariablement la signification des termes, c'est avoir mis nos auteurs en situation de reconnaître que les actions du droit, tel qu'ils le conçoivent, ne sont pas des actions justes.

En effet, pour pouvoir être conforme à son commandement, il faut d'abord qu'une action soit commandée ; et pour pouvoir être commandée, il faut qu'elle soit promise de la part de celui à qui on la commande : toute extraordinaire que puisse paraître cette assertion, elle est exactement vraie. Des brigands en force qui vous surprennent au coin d'un bois, peuvent bien exiger votre argent, et l'obtenir de vous ; mais leur action n'est pas un commandement, ni la vertu une obéissance ; ce n'est de leur part qu'une violence, c'est de la vôtre un acte de prudence. Pourquoi? Parce que vous ne leur devez pas ce qu'ils exigent, et la seule raison pour laquelle vous ne le devez pas, c'est parce que vous ne l'avez pas promis : car à juger sans prévention, il est impossible de concevoir que celui qui n'a rien promis, puisse devoir quelque chose.

Examinons maintenant si les actions du droit, tel que l'enseignent les auteurs, sont des actions promises; ils le soutiendront, en ce qui concerne le droit positif, parce qu'ils diront qu'en se soumettant à la direction du souverain, les sujets promettent implicitement de faire ce qu'il exigera d'eux; mais cette raison n'est pas applicable au droit naturel. Les hommes ne promettent pas à Dieu de lui obéir, et Dieu, selon nos auteurs, n'a pas besoin d'attendre cet acte de soumission, pour leur prescrire ses volontés.

Quand les actions du droit naturel seraient promises, tout comme le sont celles du droit positif, il ne s'en suivrait pas encore de là que ni les unes ni les autres soient justes ; car il faudrait encore qu'elles fussent véritablement commandées. Commander n'est pas simplement exiger : c'est exiger avec la puissance de forcer et de contraindre ; c'est exiger avec la volonté d'employer cette contrainte et cette force : car sans ces deux conditions, exiger n'est plus qu'un acte ridicule. Or, je dis que, si le souverain a la volonté de contraindre et de forcer, il n'en a pas la puissance, et que, si Dieu a cette puissance, il n'en a pas la volonté. D'où il suivra que ni les actions du droit positif, ni les actions du droit naturel, ne sont ni commandées ni justes.

On dira comment peut-on mettre en question, si le souverain, qui dispose des forces de tous ses sujets, est dans l'impuissance d'obtenir l'exécution de ses volontés? Je réponds à cela, que le pouvoir qu'a le souverain de disposer des bras de ses sujets, est un pouvoir étranger à sa personne, un pouvoir précaire qui peut lui manquer au besoin ; un pouvoir par conséquent insuffisant pour appuyer un véritable commandement. Quand le souverain commande, il est seul, et c'est dans cette situation qu'il faut l'envisager pour juger s'il a la puissance coactive, et non pas quand il obtient main-forte d'une partie de ses sujets, contre une autre plus faible. Or, on ne soutiendra pas que le souverain, qui n'est qu'une personne ou un corps composé d'un petit nombre de personnes, ait lui seul le pouvoir de coercer tous ses sujets à la fois.

Que Dieu, qui est la toute-puissance par nature, ait à lui seul tous les moyens nécessaires pour contraindre et forcer les hommes à lui obéir, c'est ce que personne ne mettra en doute : mais qu'il ait la volonté d'employer ces moyens, c'est ce qu'il est absurde de supposer ; puisqu'il est de fait qu'il ne les emploie pas en faveur du droit naturel. Les actions de ce droit ne sont donc pas plus justes, que celles du droit positif.

Au contraire, les actions exécutives du contrat social réunissent toutes les conditions que la justice exige. D'abord elles sont toutes promises ; car elles sont toutes renfermées dans la promesse générale que chacun fait par ce contrat, de vivre socialement avec tous les autres, c'est-à-dire, avec le public. En second lieu, elles sont toutes commandées; car elles sont exigées de la part du public, par cette volonté qu'il manifeste au contrat social, que chacun, c'est-à-dire, tout homme privé, vive socialement avec lui. Or, cet acte d'exiger et de prétendre est une véritable jussion; car il émane d'une autorité qui a pardevers elle tous les moyens coercitifs, et qui manque d'autant moins de volonté de les employer, que cette volonté est renfermée dans celle du bonheur même : volonté essentiellement forte et impérieuse.

On doit conclure de là, que l'exécution du pacte social est le véritable droit des hommes.

CHAPITRE V.

Obligation du Droit.

QU'EST-CE qu'un homme obligé? si ce n'est celui à qui l'on demande l'exécution de ce qu'il a promis, sous peine d'y être contraint ou forcé : or, telle est constamment la position de chaque homme, par rapport à la vie sociale à laquelle il s'est engagé par le contrat social. Cela résulte évidemment de ce que nous venons de dire, en faisant voirq ue les actions exécutives du contrat social étaient des actions justes. Les actions exécutives de ce contrat sont donc obligatoires, tout comme elles sont justes : ce qui ne veut pourtant pas dire, que la justice et l'obligation sont la même chose. Les actions exécutives du contrat social promises par l'homme privé, sont justes, parce qu'elles sont les mêmes que celles que le public commande ; et elles sont obligatoires pour l'homme privé, parce que les ayant promises, il se trouve dans la nécessité de les exécuter par l'effet du commandement que lui en fait le public.

Il suit de là, que pour expliquer de quelle manière les actions du droit sont obligatoires, il n'y a qu'une chose toute simple à faire : c'est de ne regarder le droit que comme étant l'exécution du contrat social. Voyons présentement dans quel embarras se trouvent nos auteurs, quand ils veulent expliquer cette obligation du droit, et comment ils échouent dans les diverses hypothèses qu'ils ont faites dans cette vue. Ecoutons d'abord le propre aveu, qu'à ce sujet, nous fait l'un d'eux.

Quoique tous ceux, dit Bernardi, *qui ont écrit sur les principes de la morale et du droit, aient cherché à connaître le vrai fondement des obligations, personne, que je sache, n'a réussi à le déterminer d'une manière bien positive.* (Voy. Nouvelle Théorie des Lois civiles, ch. 19.) Observons que l'auteur a écrit postérieurement à ceux dont je vais exposer les systèmes, et qu'il en a lui-même imaginé un nouveau. Nous allons donc justifier d'abord le jugement de Bernardi; puis nous combattrons ses propres idées. L'ordre veut que nous commencions par ce qui concerne le droit naturel.

Dans l'opinion des scholastiques et des théologiens, que Grotius a embrassée, il est des actions qui sont obligatoires de leur nature, *per se*, et cela, soit qu'il s'agisse de les faire, soit qu'il s'agisse de les omettre, auquel cas on les appelle illicites. Observons, à ce sujet, que les actions, loin d'être obligatoires de leur nature, sont entièrement indifférentes; que ce qui les rend bonnes ou mauvaises, ce sont les circonstances dans lesquelles elles sont faites. Comment donc ce qui n'est ni bon ni mauvais serait-il obligatoire? Supposons maintenant que les auteurs dont nous parlons, quand ils disent que des actions sont obligatoires par elles-mêmes, les considérent revêtues de circonstances qui les rendent ou bonnes ou mauvaises : dans ce cas, ils ne peuvent pourtant affirmer qu'elles sont obligatoires, qu'en supposant qu'on est obligé de faire tout ce qui est bon, et d'omettre tout ce qui est mauvais. Mais il ne suffit pas de supposer un pareil principe, il faut le prouver; et comment ces auteurs le prouveraient-ils? Autre chose est de faire une bonne action et de n'en pas faire une mauvaise; autre chose est d'être obligé à faire l'une et à omettre l'autre. Quand j'omets une action bonne, que je ne suis pas obligé de faire, je me prive seulement des avantages qu'elle m'aurait produits;

mais quand j'omets une bonne action, que je suis obligé de faire, non seulement je me prive de ses bons effets, mais je m'attire encore une peine particulière attachée à l'omission dont s'agit. Je m'attire cette même peine, en faisant une mauvaise action, que j'étais obligé d'éviter, et de plus j'éprouve ses mauvais effets naturels ; au lieu que je ne m'attirerais que ce dernier mal, si je n'eusse pas été obligé d'omettre la mauvaise action dont s'agit. Comme donc, on n'est pas puni par cela seul qu'on omet une action bonne, ou qu'on fait une action mauvaise, mais par l'effet de quelqu'autre disposition, il est absurde de supposer qu'il y a des actions obligatoires par elles-mêmes.

Clarcke dit : *La convenance et la disconvenance naturelles, que nous reconnaissons dans certaines actions, est le vrai et premier fondement de l'obligation.* (V. Rel. Nat., t. 2, ch. 3, n°. 7.)

La convenance et la disconvenance sont des relations ; et il est de la nature de toute relation d'exister entre deux termes. Dans le passage cité, Clarcke indique bien un des deux termes entre lesquels doit exister la relation de convenance ou de disconvenance dont il parle : ce sont certaines actions ; mais il omet d'indiquer l'autre. Il ne dit pas quelle est la chose avec laquelle les actions dont il parle ont ou doivent avoir un rapport de convenance ou de disconvenance ; faute de quoi il est impossible de savoir ce qu'il entend par ces termes de convenance et de disconvenance. On ne s'exprime si vaguement, que quand on trouve un avantage à ne rien préciser, ou quand l'on a soi-même des idées sans objets.

Quoi qu'il en soit, remarquons dans le texte cité, ces paroles : *que nous reconnaissons.* Par quoi l'auteur fait entendre que, selon lui, le vrai et premier fondement de l'obligation n'est pas précisément la convenance et la disconvenance dont il parle ; mais bien le jugement que nous en portons : de sorte que, lors même que cette convenance ou cette inconvenance existerait réellement, si nous ne la reconnaissons pas, nous ne sommes pas obligés : de sorte encore, que quand bien même cette convenance ou cette disconvenance n'existerait pas, si pourtant nous la reconnaissons, nous sommes obligés. Or, ce principe est absurde et destructif de toute idée que nous avons de l'obligation : nous la regardons comme quelque chose d'indépendant de ce que nous pourrions faire actuellement; et selon Clarcke, elle est l'effet de notre jugement actuel : nous la regardons comme quelque chose d'invariable pour nous, comme quelque chose d'uniforme pour tous les hommes; et dans les principes de Clarcke, de plusieurs hommes ayant une même action à faire, l'un y est obligé et l'autre ne l'est pas, selon la manière de juger de chacun; et le même homme, qui n'était point obligé hier à faire une chose, s'y trouve obligé aujourd'hui, s'il a changé d'opinion : enfin, nous regardons l'obligation de faire et celle de ne pas faire, comme attachée exclusivement, l'une à des actions bonnes, et l'autre à des actions mauvaises; tandis que, selon la doctrine de Clarcke, une simple erreur peut intervertir cet ordre de choses, et nous mettre dans l'obligation de faire une chose mauvaise, et d'omettre une action bonne.

Selon Burlamaqui, *l'obligation en général est une restriction de la liberté naturelle, produite par la raison; en tant que les conseils que la raison nous donne, sont autant de motifs qui déterminent l'homme à une certaine manière d'agir préférablement à toute autre.* (Voyez *Part.* 1, *chap.* 4, § 9.)

Laissons à Burlamaqui la faculté de définir l'obligation, comme il le juge à propos, et arrêtons-nous à ce qu'il suppose ici évidemment ; savoir, que la raison en est le fondement.

Observons-lui d'abord, que l'hypothèse qu'il fait ici, le conduit plus loin qu'il ne veut aller. Son intention assurément n'est point d'établir qu'il existe aussi une véritable obligation pour les bêtes; et cependant, si la raison en est le fondement chez l'homme, pourquoi ne la serait-elle pas chez les bêtes, qui sont aussi douées de la faculté de bien juger? Si l'homme est obligé par cela que sa raison lui fournit des motifs qui le déterminent à une certaine manière d'agir, préférablement à toute autre, comme le dit notre auteur, la brute, quand sa raison lui fournit de pareils motifs, est obligée également.

Rappelons-lui ensuite les principes que nous avons posés, et desquels il résulte qu'un homme ne peut être obligé qu'à ce qu'il a promis; qu'il n'est même pas obligé à faire ce qu'il a promis, s'il n'est pas dans le cas d'y d'y être contraint ou forcé. Or, un homme à qui sa raison donne des conseils, n'est pas un homme qui fait quelque promesse; et celui qui ne les écoute pas, n'est pas pour cela dans le cas d'être contraint, ni forcé de les suivre.

Observons-lui enfin, que si, plaçant le fondement de l'obligation dans les conseils de la raison, il dépasse d'un côté le but qu'il se propose, à cause qu'il s'ensuit que les bêtes sont aussi obligées; d'un autre côté, il n'atteint point ce même but. Burlamaqui ne fait tant d'efforts pour établir que les conseils de la raison obligent, que parce qu'il suppose que les actions du droit naturel sont réellement des conseils de la raison: car, si d'une part ces actions sont des conseils de la raison, et que de l'autre les conseils de la raison obligent, il en résulte que le droit naturel est obligatoire, bien qu'il soit sans sanction. Mais c'est bien à tort que cet auteur, ainsi que les autres, pensent que ce qu'ils appellent principes du droit naturel, soient des conseils de la raison. Prenons pour exemple le principal de ces principes: celui de la sociabilité, ou le devoir de vivre socialement avec tous les autres. Or, je dis que dans l'hypothèse dans laquelle ces auteurs raisonnent, c'est-à-dire, dans l'hypothèse qu'il n'existe point encore de contrat social entre les hommes, la raison ne dicte à personne de vivre avec tous les autres, comme s'ils étaient en société avec lui. Une pareille vie avec tous les autres sans engagement de réciprocité de leur part, est au moins une témérité et une imprudence, si elle n'est pas la plus insigne duperie. Or, la raison ne conseille rien de pareil. Si les hommes se trouvaient réellement dans l'état où les auteurs les placent par leur hypothèse, ce que la raison leur conseillerait, ce serait de s'unir tous en une seule et même société, par un engagement réciproque, et non pas de vivre socialement, sans prendre au préalable des sûretés les uns contre les autres.

Burlamaqui explique sa pensée d'une manière encore plus précise en ces termes : *Ce qui oblige proprement et formellement, c'est le dictamen de la conscience, ou le jugement intérieur que nous portons sur telle ou telle règle, dont l'observation nous paraît juste, c'est-à-dire, conforme aux lumières de la droite raison.* (Voyez *Part.* 2, *ch.* 7, § 10). Et sans doute la pensée de l'auteur ne pouvait pas être, que nous fussions obligés, par cela seul que nous possédions la faculté de la raison, mais seulement par quelqu'acte de cette faculté; c'est-à-dire, par un jugement. Par quoi l'on voit de l'analogie entre le sentiment de Burlamaqui et celui de Clarcke, qui place aussi le principe de l'obligation dans un jugement, mais dans un jugement quelconque bon ou mauvais, que nous portons sur la convenance ou l'inconvenance de certaines de nos actions; tandis que Burlamaqui le place dans un jugement de la raison, qui est toujours un jugement bon et vrai. Si donc les reproches que nous avons faits au système de Clarcke ne peuvent point s'appliquer, dans toute leur étendue, au système de Burlamaqui, il en est assez qu'on peut lui faire, pour regarder ce système non seulement comme faux, mais encore comme pernicieux. En effet, s'il n'y a d'obligés que ceux qui portent le jugement que requiert Burlamaqui, il n'y a pas d'obligation pour ceux qui négligent de consulter leur raison, ou qui sont empêchés de le faire; encore moins pour ceux qui ne possèdent que faiblement cette faculté de bien juger, ou en qui elle n'est pas encore bien développée. De sorte qu'il résulte du système de Burlamaqui, que le plus grand nombre des hommes, dans la plupart des circonstances, est sans obligation et sans devoir.

Il faut pourtant rendre justice à Clarcke et à Burlamaqui, sous un point de vue. Ces auteurs rendent hommage à un principe incontestable : c'est que l'obligation de l'homme n'est rien qui soit entièrement indépendant de lui. Seulement ils se trompent sur la nature de l'acte, par lequel l'homme contribue à son existence. Cet acte est sa propre volonté ; tandis que, selon eux, ce n'est que son jugement. Cette différence est bien grande. Si, comme nous le disons, l'obligation est l'effet de la volonté même que l'homme a de se rendre heureux, l'obligation est une chose nécessaire, constante et uniforme pour tous les hommes, comme l'est la volonté dont il s'agit ; elle est réellement le fait de l'homme : au lieu que si elle n'avait pour principe que le jugement de l'homme, elle ne serait que l'effet de l'impression des objets sur son esprit ; elle ne serait qu'une chose casuelle, variable et diverse parmi les hommes, comme l'est tout jugement de leur part.

La foule des auteurs embrasse un systême différent de ceux que j'ai exposés jusqu'ici.... *Il n'y a proprement*, dit Barbeyrac, *qu'un seul fondement général de l'obligation, auquel tous les autres se réduisent, c'est la dépendance naturelle où l'on est de l'empire de Dieu, en tant qu'il nous a donné l'être, et qu'il peut, à cause de cela, exiger que nous fassions de nos facultés l'usage auquel il les a manifestement destinées. De là naît toute autorité légitime, en vertu de laquelle un homme commande à un autre homme; car elle n'est légitime, qu'autant qu'elle est conforme à la volonté de Dieu, connue par la révélation, ou par les simples lumières de la nature. Que si parmi les hommes la raison immédiate pourquoi l'on doit se soumettre à l'empire de quelqu'un, est d'ordinaire qu'on y a soi-même volontairement consenti; ce consentement, et en général tout autre engagement où l'on entre, n'est obligatoire qu'en vertu de la maxime du droit naturel, qui porte que chacun doit tenir à quoi il s'est engagé.* (V. Puf., liv. I, ch. 6, § 12, n°. 2.)

Voilà donc une exposition claire et précise du sentiment du commun des auteurs sur le principe de l'obligation en général. Ce principe, selon eux, est dans l'empire, ou la volonté de Dieu, en vertu de laquelle volonté nous sommes obligés d'une manière directe à la pratique du droit naturel, et d'une manière indirecte à la pratique du droit positif. Arrêtons-nous d'abord à la première assertion, et observons que, s'il était vrai que l'homme fût obligé à la pratique du droit par l'effet de l'empire et de la volonté de Dieu, il faudrait aussi admettre que le droit des bêtes est un droit obligatoire; car, d'une part, nous avons prouvé qu'il existait un droit pour les bêtes; de l'autre, il est évident que Dieu a sur les bêtes le même empire que sur nous: comme les bêtes sont susceptibles de se rendre heureuses par la pratique de leur droit, de même que nous pouvons atteindre le bonheur par la pratique du nôtre, nous devons supposer que Dieu veut que les bêtes pratiquent leur droit, ou nous n'avons pas de raisons d'assurer que Dieu veut que nous pratiquions le nôtre. Par où l'on voit que le système de nos auteurs, sur le fondement du droit naturel, est faux par cela qu'il va au-delà du but, et conduit à une absurdité que les auteurs, que je combats, rejettent eux-mêmes; savoir : que les bêtes sont dans l'obligation de faire ce que leur bien-être exige.

Rappelons aussi ce que nous avons déjà dit, que c'est mettre sur le compte de la Divinité une contradiction, que de supposer qu'elle nous oblige à quelque chose d'une manière directe, et nous prive aussi de la faculté de choisir qu'elle nous a donnée elle-même.

Rappelons ensuite ce que nous avons dit, touchant la nécessité de reconnaître que les hommes concourent eux-mêmes à l'établissement de leur état d'obligation; et, dans le système que nous combattons, les hommes n'y contribueraient pour rien.

Rappelons enfin ce que nous avons dit sur la volonté elle-même de Dieu, sur son efficacité, ou, pour mieux dire, sa non-existence par rapport à la pratique du droit de la part des hommes. En effet, je le répète, comment concevoir que Dieu veuille l'observation du droit, de la part des hommes qui ne l'observent pas ? n'est-ce pas lui supposer un manque de puissance d'obtenir ce qu'il veut. Dire, comme on fait, que Dieu laisse à l'homme son franc arbitre, n'est-ce pas dire que Dieu veut la fin et ne veut pas les moyens? n'est-ce pas dire que Dieu veut et ne veut pas la même chose? Que penser d'un monarque qui dirait à ses sujets, je veux que vous fassiez telle chose : mais je ne prétends pas vous gêner; je vous laisse la faculté de le faire ou de ne le pas faire. Ne serait-ce pas là un langage ridicule, et qui prouverait que le monarque ne veut pas ce qu'il dit vouloir? Au reste, ce qui prouve d'une manière évidente que Dieu n'a pas directement la volonté qu'on lui suppose, c'est qu'il ne punit pas d'une manière directe les infractions du droit : et quand on accorderait aux auteurs dont je réfute le système, que Dieu a réellement la volonté immédiate que les hommes pratiquent le droit, il ne s'ensuivrait pas pour cela qu'ils y fussent obligés. Il n'y a pas d'obligation de faire ce qu'on peut omettre impunément. Ce principe est conforme aux notions que se forment de la nature de l'obligation, tous ceux qui ne sont pas forcés d'en adopter d'autres en faveur de quelque système particulier. Que l'on demande à un homme du peuple qu'il fasse quelque chose, en disant qu'il y est obligé; s'il en doute, la réponse qu'il fera consistera à vous demander, s'il ne veut pas la faire, qui est-ce qui l'y forcera? D'où il suit que du moment que nos auteurs sont forcés de reconnaître que Dieu ne punit pas les violateurs de ce qu'ils appellent le droit naturel, la volonté de Dieu, fût-elle réelle, n'est pas le fondement de l'obligation de ce droit.

Le système que je combats n'est pas seulement faux; il est même dangereux. Il ne suffit pas que les hommes soient réellement obligés à faire les actions qui constituent leur droit, il faut encore qu'ils puissent être persuadés de cette obligation. Otez cette persuasion, vous détruisez les effets de l'obligation eux-mêmes. Or, il y a deux manières de persuader quelque chose à un autre. La première consiste à démontrer ce que l'on dit; la seconde consiste à lui inspirer assez de confiance pour qu'il croie sur votre parole. Des inconvéniens majeurs sont attachés à l'un comme à l'autre procédé, dans le système que je combats.

Pour établir la démonstration dont s'agit, que de choses n'avez-vous pas à faire? Il faut définir ce que c'est que Dieu, être que vous commencez d'abord par présenter comme ayant une nature incompréhensible.

Il faut prouver ensuite qu'il existe ; qu'il a une volonté, bien qu'il soit impassible et n'ait besoin de rien ; qu'il veut rendre les hommes heureux aux dépens de tous les autres êtres, qu'il a formés comme eux ; que pour arriver à cette fin, il veut que vous observiez le droit qu'il vous prescrit ; qu'à raison de cette volonté, vous êtes obligé de le pratiquer, malgré que vous n'ayez rien à craindre de sa part, si vous le négligez. Il faut démontrer toutes ces assertions ; et si vous échouez dans une seule, votre objet est manqué ; il n'y a plus de persuasion, qu'on soit tenu à quelque chose ; et le doute que vous laissez dans l'esprit de celui que vous voulez instruire, vous ôte jusqu'à la confiance nécessaire pour le persuader d'autorité.

Dans notre système, vous n'avez pas tant de choses à faire, ni des choses aussi difficiles. Vous n'avez pas à démontrer que chacun veut son bonheur ; vous avez seulement à expliquer comment, en voulant son bonheur, chacun veut lui-même les actions de son droit ; que, s'il négligeait de les pratiquer exactement, il y serait contraint par tous les autres, intéressés comme lui à la pratique dont s'agit; et vous faites comprendre de la manière la plus intelligible, que chacun se trouve dans l'avantageuse nécessité de pratiquer son droit, et par conséquent, qu'il y est obligé.

Inspirez-vous assez de confiance, pour qu'on vous croie sur parole? vous devenez vous-même un homme dangereux, même en méritant cette confiance. Ceux, sur l'esprit desquels vous avez assez de crédit, pour leur persuader d'autorité que c'est la volonté de Dieu qui les oblige à la pratique de leur droit, sont aussi ceux sur l'esprit desquels vous avez assez de crédit pour leur persuader que la volonté de Dieu est qu'ils fassent telle ou telle chose: et par-là ne vous trouvez-vous pas dans la tentation d'abuser de leur crédulité en votre faveur et à leurs dépens? Je dis dans la tentation, parce que vous êtes un homme de bien: mais d'autres, qui jalouseraient votre position, chercheront à acquérir le même crédit que vous, par des actes d'hypocrisie, et ne seront que mieux disposés à tirer parti de leur ascendant mal acquis: si vous n'abusez de rien, vous êtes un exemple pour d'autres qui abuseront.

Il est reconnu que le plus mauvais de tous les gouvernemens est le gouvernement théocratique ; et pourquoi ? C'est parce que ceux qui gouvernent au nom de Dieu, et qui se disent les interprètes de ses volontés, trouvent, par le respect et la soumission que ce nom inspire, plus de disposition dans le peuple à se laisser opprimer à leur profit. Or, la doctrine des Puffendorf et des Barbeyrac conduit naturellement à ce mode de gouvernement; et si ceux qui la professent ne font pas ostensiblement plus d'efforts pour l'établir généralement, c'est une inconséquence de leur part, ou un effet de prudence, ne trouvant pas l'occasion favorable. Car du moment qu'on met en principe que Dieu est le monarque et le souverain maître des hommes; qu'il a pris sur lui de les diriger immédiatement ; que ses volontés sont les actes de cette direction, quelle conséquence en tirer ? si ce n'est qu'il faut se soumettre à ces volontés et les exécuter. Mais pour les exécuter, en s'y soumettant, il faut les connaître, et le commun des hommes est incapable d'acquérir cette connaissance par ses propres lumières. Il faut donc, entre lui et Dieu, des intermédiaires chargés de l'instruire de ces mêmes volontés ; et voilà la nécessité du gouvernement théocratique, ou plutôt du gouvernement sacerdotal ; car tout interprète de la volonté de Dieu est un prêtre.

Dans nos principes, tous ces inconvéniens n'ont pas lieu, et ces abus ne sont pas à craindre : on n'est pas obligé d'assimiler Dieu à quelques hommes en l'appelant souverain, ni de lui donner le nom odieux de maître ; s'il gouverne les hommes au moral, c'est par les hommes eux-mêmes, c'est par leur propre volonté, et il les oblige de la même manière.

Admettant deux sortes de droit, l'un naturel et l'autre positif, nos auteurs devaient se trouver embarrassés au sujet du principe qui rend l'un et l'autre obligatoire. Naturellement ils devaient se proposer la question : si chacun de ces droits avait un fondement d'obligation particulier, ou s'il n'existait pour l'obligation de l'un et de l'autre qu'un seul fondement ; et il résulte du passage ci-devant rapporté de Barbeyrac, qu'ils se sont déclarés pour ce dernier sentiment. Une autre question se présentait ensuite, celle de savoir, si ce fondement unique était commun aux deux droits, ou si le fondement de l'un se trouvait établi par l'autre. La grande disparité du droit naturel et du droit positif les empêchait sans doute d'admettre un fondement commun. Il ne restait donc plus qu'une seule question à résoudre ; c'était, si le fondement de l'obligation du droit naturel se trouvait dans le droit positif, ou le fondement de l'obligation du droit positif dans le droit naturel. Il semblerait que la première hypothèse eût été la plus raisonnable, puisque le droit positif est muni d'une sanction, et que le droit naturel en manque : Mais non ; la seconde hypothèse a eu la préférence, comme on le voit, par les paroles de Barbeyrac ; de sorte qu'ayant démontré que le droit naturel n'était point obligatoire, nous sommes dispensés de tout autre raisonnement, pour faire voir que le droit positif n'est pas rendu obligatoire par aucune disposition du droit naturel.

Il faut enfin en venir au système nouveau de Bernardi. *Sans avoir la témérité*, ajoute-t-il à ce que nous avons rapporté de lui précédemment, *de vouloir trouver ce qui semble avoir échappé à l'oreille de puissans génies, il me semble que le fondement des obligations, même morales, consiste dans la jouissance qu'éprouve, de leur accomplisse-*

ment, celui à qui elles sont imposées. Mais l'auteur fait ici un anachronisme impardonnable : toute obligation est antérieure à l'accomplissement de l'action obligatoire, et par conséquent aussi le fondement de cette obligation. Or, la jouissance dont l'auteur parle est postérieure à cet accomplissement, puisqu'il la présente lui-même comme en étant l'effet : cette jouissance ne peut donc être le fondement de l'obligation elle-même. Au reste, la jouissance dont s'agit est aussi quelque chose de contingent et de casuel, que l'homme peut éprouver ou ne pas éprouver; tandis que, comme nous l'avons déjà dit, le fondement de l'obligation est quelque chose de fixe et de nécessaire, quelque chose de commun pour tous les hommes, et d'invariable pour chacun d'eux, comme l'obligation elle-même. Bernardi n'a donc pas mieux réussi que les autres auteurs à nous assigner le vrai fondement des obligations; et ce sera toujours vainement qu'on le cherchera ailleurs que dans le Contrat Social.

CHAPITRE VI.

Mérite du Droit.

Nous avons dit que les actions du droit avaient essentiellement pour caractère d'être profitables et utiles à celui qui les fait. Nous ajoutons maintenant qu'elles ont également pour caractère d'être utiles et profitables à tous les autres ; d'où il résultera que toute action du droit est à la fois un bien privé et un bien public.

Cette utilité publique, que j'assigne ici comme une propriété essentielle des actions du droit, est un point généralement reconnu ; cela résulte de diverses dénominations qu'on leur affecte.

On les appelle des actions honnêtes, c'est-à-dire, des actions qui attirent la considération publique ; en quoi consiste l'honneur. Or, si l'on examine par quel motif le public donne sa considération à l'homme privé faisant telles ou telles actions, on n'en saurait trouver d'autre que l'avantage qu'il retire de ces mêmes actions. Car, avoir de la considération, c'est c'est agir ; et l'on ne peut agir qu'en vue de son propre bien. Ainsi, par cela même qu'on appelle honnêtes les actions du droit, on les suppose avantageuses et utiles au public.

On le suppose de même par la distinction que l'on fait de deux sortes de bonté dans les actions du droit, l'une physique, l'autre morale : car comme il n'y a pas de doute que bonté et utilité soient des termes synonymes, et que par bonté physique il ne faille entendre l'utilité personnelle que retire d'une action celui qui la fait, il ne doit pas y avoir de doute non plus que par bonté morale, il ne faille entendre l'utilité que retire le public d'une action faite par l'homme privé.

L'explication que je viens de donner des termes d'honnête, de moralement bon, ne sera pas du goût de nos auteurs; du moins ce n'est pas dans ce sens qu'ils les prennent. Qu'on leur demande ce que c'est qu'une action honnête, ils répondront que c'est celle qui obtient l'approbation des hommes de bien. Mais de deux choses l'une ; ou il est une raison pour laquelle les hommes de bien approuvent une action, ou il n'en est point : dans ce dernier cas, l'honnêteté des actions ne serait qu'une chose purement arbitraire ; ce qu'on ne voudra pas supposer : et, s'il est une raison pour laquelle les hommes de bien approuvent une action dans un particulier, ce ne peut être que parce qu'elle est utile au public. Ainsi, quand nos auteurs ne voudront plus s'en tenir à l'écorce des choses, ils trouveront eux-mêmes, que l'honnêteté des actions ne consiste que dans leur utilité publique.

Par moralité ou bonté morale d'une action, nos auteurs entendent généralement sa conformité avec la loi, et par loi ils entendent un commandement; de sorte qu'ils confondent réellement la moralité d'une action avec sa justice, oubliant que bonté morale doit exprimer quelque chose, qui ait de l'opposition avec la bonté physique ou utilité privée.

Si l'on recherche la cause, pourquoi nos auteurs n'approfondissent point la véritable signification des termes dont nous parlons, pourquoi ils leur affectent une signification étrangère, lon a trouvera dans l'embarras où ils se mettraient pour justifier leurs définitions : en effet, supposant que les auteurs vinssent à reconnaître que l'honnêteté et la moralité des actions privées ne consistent que dans leur utilité publique, ils auraient aussitôt à répondre à la question, qu'on leur ferait : Comment une action qui paraît n'être faite que dans l'intérêt d'une personne privée, est pourtant avantageuse au public ? question insoluble pour eux, tout autant que celle dont nous avons déjà parlé : comment une action qui ne paraît n'être faite que dans l'intérêt public, est pourtant avantageuse et utile à l'homme privé *qui* la fait ?

En effet, ce double problême ne peut être résolu que dans la seule hypothèse d'une association positive de la part des humains pour toutes leurs affaires. Dans cette hypothèse, chaque homme étant un bien commun, il est impossible que ce qui arrive d'avantageux aux uns, ne profite pas aux autres. De sorte que, quand l'homme privé fait quelque chose de directement utile à lui, le public en profite indirectement; et que, quand l'homme privé fait quelque chose de directement utile au public, il en profite lui-même indirectement. Mais l'hypothèse dont nous parlons n'est pas celle de nos auteurs. Bien qu'ils reconnaissent une société générale pour les humains, ils ne fondent pas cette société sur un acte positif d'association ; bien qu'ils admettent une sorte de communauté entre les hommes, *quasi communitatem*, comme s'explique Cicéron; ce n'est pas, selon eux-mêmes, une communauté réelle telle qu'elle existe entre des hommes, qui s'unissent eux-mêmes en société en vertu de quelque convention. Je cite en preuve l'expression même de Cicéron; je cite en preuve les propres termes de Burlamaqui, ci-devant rapportés, qui ne fait consister la communauté des hommes, que dans un commerce de services et de bienfaits, opérations étrangères à des membres d'une même communauté sociale; je cite en preuve leur maxime fondamentale, qui porte que le bien public doit être préféré au bien particulier, maxime qui suppose qu'il y a opposition entre ces deux sortes de biens.

Il résulte de là, qu'à l'aide des principes accrédités, l'on ne peut point expliquer, ni pourquoi l'honnête est utile, ni pourquoi l'utile est honnête; qu'il faut par conséquent changer ces principes et adopter celui que nous professons; savoir : que le droit consiste dans l'exécution du contrat social : dans laquelle hypothèse il serait impossible même de supposer que l'utilité publique puisse être séparée de l'utilité privée, ni l'utilité privée de l'utilité publique.

Le caractère des actions du droit, qui consistent dans l'utilité publique, je l'ai désigné par le mot de mérite, comme le titre de ce chapitre le suppose. Je l'ai préféré à celui d'honnêteté, parce que l'effet de l'utilité publique n'est pas seulement d'attirer à celui qui en est l'auteur, l'estime et la considération des autres, mais encore leur affection et leur bienveillance; ce que le mot d'honnêteté n'exprime pas, mais bien celui de mérite; attendu que la considération, aussi-bien que la bienveillance peuvent être méritées, et ne sont l'objet d'un devoir, qu'autant qu'elles sont méritées; je l'ai surtout préféré au mot de moralité, terme nouveau, vague et sans la moindre analogie avec la signification qu'on lui prête.

CHAPITRE VII.

Équité du Droit.

MALGRÉ le fréquent usage que l'on fait du mot d'équité, et de celui de justice qu'on lui substitue, sa signification n'est pas pour cela mieux déterminée. Disons plutôt qu'on n'emploie si souvent ce terme, que parce qu'il n'a qu'un sens vague, au moyen de quoi l'on peut en faire usage quand on veut, et sans risque d'être contredit. Cette licence serait déplacée dans cet ouvrage, plus encore que dans tout autre. Il faut donc commencer par le définir.

Il est certain que le mot d'équité a le même sens que celui d'égalité, dont il est formé, et qu'il n'en diffère que parce qu'en matière de droit, l'on ne se sert que de l'un, et que par-tout ailleurs on se sert de l'autre. C'est ce que nous avons déjà remarqué. Ainsi, à cette expression, *équité du droit*, l'on peut substituer celle-ci, *égalité du droit*. Et quand on suppose que les actions du droit sont nécessairement équitables, on ne suppose autre chose, sinon que les actions du droit ont pour effet nécessaire de mettre de l'égalité parmi les hommes.

Que ce soit là le sens qu'il faut attacher au mot équitable, en l'appliquant aux actions du droit, c'est ce qui résulte de l'impossibilité qu'il y a de lui supposer toute autre signification. En effet, de deux choses l'une; ou par actions équitables, l'on doit entendre des actions par l'effet desquelles les hommes sont tous traités d'une égale manière; ou il faut entendre que les actions des uns sont égales aux actions des autres : ce qui serait une absurdité, attendu que l'on peut bien dire de l'action d'un homme, qu'elle est la même que celle d'un autre; mais l'on ne peut pas dire qu'elle lui soit égale.

Cette acception du mot équité étant bien déterminée, nous avons deux choses à examiner : la première, si les actions du droit, en supposant que le droit ne soit autre chose que l'exécution du contrat social, sont vraiment équitables; la seconde, si les auteurs, qui raisonnent dans toute autre hypothèse, peuvent faire voir que les actions du droit ont pour effet de mettre de l'égalité parmi les hommes.

Le contrat social prescrit deux choses : travail et jouissance ; il les prescrit à tous les hommes sans distinction ; il n'exempte personne du travail ; il n'interdit la jouissance à personne. Sous ce premier point de vue, l'exécution du contrat social a pour effet de mettre de l'égalité parmi les hommes, et les actions dont cette exécution se compose ne peuvent être qu'équitables.

Quel travail, quelle jouissance le contrat social prescrit-il à chaque homme ? Le travail auquel chacun est le plus propre, à raison de ses dispositions naturelles et acquises ; la jouissance dont la nature est concordante avec celle de ses besoins. Quelle est la grandeur du travail et de la jouissance que le contrat social prescrit à chacun ? Ce contrat veut que chacun travaille ni plus ni moins, mais autant qu'il peut ; que chacun jouisse ni plus ni moins, mais autant que le besoin le demande. Sous ces points de vue plus particuliers, l'on voit que les choses sont encore sur un pied d'égalité entre les membres de la société humaine. Il en serait de même, si l'on donnait aux stipulations du contrat social plus de développement. D'où il suit que les actions exécutives du contrat social sont toutes équitables, et par conséquent aussi les actions du droit humain.

J'ai dit que pour satisfaire aux engagemens pris par le pacte de société, il fallait que chacun accommodât la nature de son travail à celle de ses dispositions, et la nature de ses jouissances à celle de ses besoins; que de plus, chacun proportionnât son travail à ses forces, et ses jouissances à l'étendue de ses besoins. Pourquoi? parce que sans ces conditions, le but de la société, qui est le plus grand bien-être de chacun, ne saurait être atteint. Mais ces principes sont étrangers à la doctrine reçue. Nos auteurs ne placent point le bonheur dans la meilleure vie ou le plus grand bien-être; ils ne reconnaissent point entre les hommes une véritable communauté. Quelle raison auraient-ils d'exiger que le travail et la jouissance de chacun soient conditionnés, comme nous disons que le prescrit le contrat social? et au défaut d'une pareille raison, par quel moyen feront-ils voir que les actions du droit sont des actions équitables? Que font-ils en effet ? Sans doute ils blâment l'insuffisance du travail et l'excès des jouissances ; mais ils ne considèrent point ces choses comme des iniquités ; et loin d'envisager sous le même aspect certain excès de travail, certaine privation de jouissance, du moment que ces choses sont volontaires, ils sont plutôt disposés à les considérer comme des vertus.

CHAPITRE VIII.

Policie du Droit.

Ce que par-tout ailleurs l'on appelle concordance, accord, prend le nom de policie ou de police en matière de droit. D'où il suit qu'il en est de ce terme comme de celui d'équité, dont l'équivalent en matière étrangère au droit est celui d'égalité. Des actions politiques ne sont donc non plus autre chose que des actions concordantes; et l'on conçoit deux sortes de concordances entre des actions : l'une purement privatrice, quand simplement elles ne sont pas opposées les unes aux autres; et cette concordance peut exister entre des actions qui tendent à diverses fins : l'autre sorte de concordance, qui est d'une nature positive, n'existe qu'entre des actions assorties ou concertées pour produire un même effet. La première sorte de concordance peut exister seule; mais la seconde renferme la première, et ne saurait exister sans elle, puisque des actions qui se contrarient seraient mal combinées et mal concertées pour produire un même résultat.

Les actions exécutoires du contrat social sont concordantes de toutes les manières : elles tendent vers la même fin, le bonheur de chacun des associés. Le bonheur est l'effet des jouissances ; les jouissances se préparent par le travail. D'où il suit qu'il y a un ordre certain et déterminé entre les deux seules sortes d'actions, par lesquelles le contrat social s'exécute : savoir, les actions qui constituent le travail, et celles qui constituent la jouissance ; ainsi il ne saurait y avoir entr'elles aucune contrariété.

Mais, dira-t-on, toute action s'exerce sur quelque objet : et ne doit-il pas arriver que plusieurs membres de la société humaine eussent à exercer quelqu'action sur un même objet en même temps, et de la même manière ; d'où résulterait nécessairement une discordance et une contrariété.

Sans doute une pareille concurrence serait une opposition ; mais elle ne saurait avoir lieu, soit qu'il s'agisse d'un objet de travail, soit qu'il s'agisse d'un objet de jouissance. Quel que soit le nombre des personnes qui auraient en leur présence quelque ouvrage à faire, il y a tant de différences entre ces personnes et les circonstances où elles se trouvent, qu'il n'est pas indifférent, pour le bien de la communauté, par qui cet ouvrage soit fait. Il y en aura toujours une à qui ce travail convient mieux qu'à toutes les autres; et dans ce cas, le contrat social exige que ce travail ne soit fait que par elle. S'agit-il d'un bien dont il faille jouir, il n'y aura jamais non plus qu'une seule personne à qui il convienne le mieux pour l'intérêt commun; et dans ce cas aussi, le contrat social veut que cette personne en jouisse : de sorte qu'il n'y a pas de circonstances où plusieurs hommes puissent être réellement en concurrence pour l'exécution du contrat social. Et de là il faut conclure que, si l'on considère l'exécution du contrat social comme formant le droit des hommes, ce droit se compose d'actions, qui toutes sont politiques.

Dans le cas que nous venons de poser il n'y a qu'un moment, où plusieurs individus prétendent avoir le même bien, soit pour en jouir, soit pour y appliquer leur industrie, que diront nos auteurs? Ils n'auront pas la même raison que nous, d'adjuger ce bien à celui à qui il convient le mieux pour l'intérét commun ; car ils ne reconnaissent pas de véritable communauté entre les hommes, et ils n'assignent point pour objet de cette communauté sociale le maximum du bien-être de chacun, comme nous l'avons déjà remarqué. Mais pour porter une décision dans ce cas, et terminer tout conflit, ils auront recours à d'autres moyens. Ils poseront en principe que tout bien, existant dans la possession des hommes, est la propriété de quelqu'un ; et cela posé, ils diront que l'usage ou la jouissance d'un bien quelconque appartiennent au propriétaire lui-même, ou à celui à qui le propriétaire voudra les accorder; de sorte qu'il n'y a pas lieu à contestation, et qu'en tous les cas, l'usage ou la jouissance sont des actions politiques.

Nous commencerons d'abord par avancer que tous les biens possédés par les hommes, sont des propriétés particulières, la communauté humaine, qui n'est qu'un être collectif, ne pouvant posséder directement que ses propres membres ; mais nous ajouterons que les biens qui constituent des propriétés particulières, ne laissent pas que d'appartenir à la communauté humaine elle-même. Car possédant ses propres membres, c'est-à-dire les propriétaires, cette commmnauté possède en même temps, d'une manière indirecte, ce qui constitue le domaine de chacun de ces propriétaires.

Il faut considérer maintenant que tout propriétaire est chargé d'une double fonction : de celle de veiller à la conservation de son bien, de celle ensuite d'en disposer en faveur de quelqu'un qui l'utilise ; et cette personne peut être le propriétaire lui-même, ou quelqu'autre. Dire que le propriétaire a le droit d'abuser de son bien, et de le détruire ou de le laisser périr quand cela lui plaît, est une chose tellement déraisonnable, que je ne crois pas qu'on puisse l'affirmer sérieusement. On doit donc m'accorder, qu'il est du devoir d'un propriétaire de chercher à conserver et à utiliser son bien, soit par lui-même, soit par autrui ; ce que j'appelle en disposer. Au surplus, avoir un bien en propriété, n'est pas simplement le posséder ; c'est le posséder du consentement public. Or, croit-on que le public consente à ce que le possesseur d'un bien, au lieu de l'utiliser par lui-même ou par d'autres, le laisse périr ou le détruise par fantaisie ? Non certes. Et de là il suit, que l'action d'un propriétaire qui détruit son propre bien, ou le laisse périr, n'est pas une action politique, étant contestée par tous les autres.

Suppos ons maintenant que le propriétaire d'un bien en dispose en faveur de quelqu'un à qui il ne convient pas le plus, le public sera-t-il satisfait ? Non, pas encore. Il continuera de blâmer la conduite du propriétaire; il improuvera l'usage ou la jouissance de ce bien de la part du dispositaire; et ces actions étant contestées, ne sont pas des actions politiques. Je tire de là la conséquence, que la seule volonté du propriétaire ne suffit pas pour rendre politique la jouissance ou l'usage d'un bien dont il dispose; que ne pouvant se servir de ce fondement, nos auteurs se trouvent dans l'impossibilité de faire voir que la policie est un caractère des actions du droit, tels qu'ils le conçoivent; que cette preuve ne pouvant être établie qu'en faveur des actions exécutoires du contrat social, le droit humain n'est non plus autre chose que cette exécution.

CHAPITRE

CHAPITRE IX.

Devoir ou Dette du Droit.

JE suppose, comme on voit par ce titre, que devoir et dette sont des termes synonymes. Ces termes en effet ont une dérivation commune, et signifient, l'un comme l'autre, une chose due. Il n'y a de différence entr'eux que par rapport aux circonstances dans lesquelles on les emploie. En matière commerciale, une chose due s'appelle une dette ; dans un traité de morale, elle s'appelle un devoir. Cependant l'on dit de celui qui paie une dette, qu'il s'acquitte d'un devoir ; et nos auteurs reconnaissent qu'un devoir est une dette, et doit être considéré ainsi. La seule conséquence que je tire de là, c'est qu'au mot devoir nous pouvons substituer celui de dette, dont nous avons une idée plus claire.

Quatre choses sont nécessaires pour constituer une dette : d'abord un débiteur et un créancier qui soient des personnes distinctes ;

car, comme le dit Sénèque; personne ne peut être son propre débiteur : *Nemo sibi debet, hoc verbum debere, non habet, nisi inter duos, locum.* (De Benef., lib. V, c. 8.) D'un autre côté, l'on conçoit qu'il ne peut y avoir de chose due, quand personne ne la doit, ou qu'elle n'est due à personne. Ilfaut, en troisième lieu, que la chose due soit avantageuse à celui à qui on la suppose due. Si elle était désavantageuse, ce serait une punition : si elle était une chose indifférente, elle n'aurait point de nom. La quatrième condition est que la chose due soit obligatoire de la part du débiteur; car si celui-ci pouvait se dispenser de la faire et l'omettre impunément, il pourrait à juste titre se regarder comme ne la devant pas.

Les actions exécutives du contrat social réunissent les quatre conditions dont nous parlons. Comme toute autre transaction, le contrat social se forme entre deux parties : c'est l'homme privé d'une part; c'est le public de l'autre. Ce qu'on appelle communauté ou société humaine, c'est la réunion de tous les hommes sans distinction de partie privée et de partie publique; ou si l'on veut, ce sont ces deux parties ensemble : de sorte que la partie privée, c'est la société humaine moins le public; et le public, c'est la société humaine moins l'homme privé. Et par homme privé, il ne faut pas entendre toujours un individu naturel; il désigne souvent aussi un individu collectif composé de plusieurs individus naturels, comme une famille, une province, un état même, quand on le met en opposition avec la collection des autres états.

Dans la distinction de ces deux parties contractantes, nous trouvons celle du débiteur et du créancier des actions sociales: c'est l'homme privé qui les doit toutes, et toutes sont dues au public. C'est au public que l'homme privé fait la promesse de vivre socialement avec lui, et la vie sociale comprend toutes les actions exécutives du contrat social. Voilà donc les deux premières conditions nécessaires pour établir que les actions exécutives du contrat social sont des dettes ou des devoirs bien signalés. Pour les deux autres, elles se trouvent également; car il résulte de ce que nous avons dit précédemment, que d'une part ces actions sont obligatoires de la part de l'homme privé, et que de l'autre elles sont avantageuses et utiles au public. Ainsi, en considérant l'exécution du contrat social comme formant le droit humain, il n'y a pas de difficulté de concevoir comment et pourquoi toutes les actions du droit sont des devoirs.

Mais de notre hypothèse résultent deux choses très-remarquables : la première est que tous les devoirs des hommes sont des devoirs sociaux ; principe auquel le seul Puffendorf a rendu hommage, quand il établit sa loi fondamentale du droit naturel, en ces termes : *Chacun doit être porté à former et entretenir*, *autant qu'il dépend de lui*, *une société paisible avec tous les autres*, *conformément à la constitution et au but de tout le genre humain sans exception.* (V. liv. II, ch. 3, § 15.) La seconde est, que le public est le seul créancier des devoirs de chaque homme; mais à ce sujet il faut remarquer que le public est aussi un être collectif qui ne peut ni agir, ni pâtir par lui-même, mais seulement par des individus naturels qui le composent ; de sorte que, bien qu'il soit le créancier de tous les devoirs des hommes, et le seul créancier, ce n'est jamais qu'entre les mains de particuliers qu'on s'acquitte de ces devoirs, ou que ces dettes sont payées.

Le commun des auteurs rejette le système

de Puffendorf, qui n'établit, comme nous venons de le voir, qu'une seule loi fondamentale de nos devoirs, celle qu'on appelle du nom impropre de sociabilité. Voici comme Barbeyrac, soutenu par Burlamaqui, expose ce système commun.

On peut, dit-il, *considérer l'homme, ou comme créature de Dieu, ou comme doué par son Créateur de certaines facultés, tant du corps que de l'ame, desquelles l'effet est fort différent, selon l'usage qu'il en fera; ou enfin comme porté et nécessité même par sa condition naturelle à vivre en société avec ses semblables. La première relation est la source propre de tous les devoirs de la loi naturelle, qui ont Dieu pour objet, et qui sont compris sous le nom de religion..... La seconde relation nous fournit par elle-même tous les devoirs qui nous regardent nous-mêmes, et que l'on peut rapporter à l'amour-propre, ou pour ôter tout équivoque, à l'amour de soi-même.... La troisième et dernière relation n'est, dans le principe propre, que des devoirs de la loi naturelle, qui se rapportent aux autres hommes*, et qu'il appelle plus bas *le principe de la sociabilité.* (V. Puff., liv. II, ch. 3, § 15, n°. 5.)

J'accorde à Barbeyrac, que les relations des hommes sont le fondement de leurs devoirs, entendant par ce fondement, non pas leur cause efficiente, mais simplement leur cause occasionnelle. Sur ce pied, il est évident qu'il est pour l'homme des devoirs envers Dieu, des devoirs envers lui-même, des devoirs envers ses semblables. Mais je demanderai à notre auteur et à tous ceux qui embrassent son système, pourquoi ils fixent à trois les diverses sortes de devoirs de l'homme. L'homme n'a-t-il des relations qu'avec Dieu, qu'avec lui-même et avec ses semblables? N'a-t-il pas aussi des relations avec les corps bruts, avec les plantes, et surtout avec les bêtes, qui sont des animaux comme lui? Pourquoi ces dernières sortes de relations ne sont-elles pas aussi autant de fondemens de nos devoirs? Ces auteurs rejetteraient-ils ces trois dernières relations comme fondemens de nos devoirs, par la raison que nous ne devons rien aux bêtes, aux plantes, aux corps bruts? Mais, dans ce cas, ils supposeraient que nous devons quelque chose à nous-mêmes; que nous devons quelque chose à Dieu, comme nous devons quelque chose aux autres hommes. Or, cette pensée est absolument fausse. Si l'homme se devait quelque chose à lui-même, il serait donc son propre débiteur, son propre créancier; ce qui est une absurdité : *Nemo sibi debet.* Si nous devions quelque chose à Dieu, Dieu qui est impassible, à qui rien ne manque, pourrait donc recevoir de nous quelque avantage, comme nous pouvons en faire à nos semblables; ce qui est une absurdité non moins grande. Les véritables créanciers de ce qu'on appelle devoirs envers soi-même, devoirs envers Dieu, ce n'est pas nous-mêmes, ce n'est pas Dieu; ce sont les autres hommes.

Conclurons-nous de là que le système de Puffendorf, que ces auteurs combattent, est préférable au leur? Oui, sous le point de vue qu'il suppose, ainsi que nous l'avons déjà remarqué, que tous nos devoirs sont des devoirs sociaux; mais non pas comme expliquant mieux la nature de ces devoirs. En effet, il suffit de faire attention à la manière dont Puffendorf énonce son principe de la sociabilité, pour être persuadé que sous sa plume comme sous celle de tous les autres auteurs, le mot de devoir n'est qu'un mot vague et sans signification précise : *Chacun*, dit-il, *doit être porté à former et entretenir une société paisible avec tous les autres.* S'il disait, *chacun doit se porter*, l'expression serait plus convenable pour désigner un devoir : au lieu que prenant le mot de porter au passif, il donne à penser qu'il parle d'un mouvement naturel. *A former et entretenir :* voilà deux choses bien différentes. On n'entretient que ce qui est déjà formé ; on ne forme que ce qui n'existe pas encore. La pensée de l'auteur serait-elle de faire un devoir à l'homme, de donner naissance à la société humaine, comme il semble lui faire un devoir de l'entretenir et d'y vivre ? Si cela était, l'auteur supposerait que la société humaine doit son existence à quelque fait humain ; ce qui est contraire à ce qu'il suppose ailleurs. Si cela était, quelle idée se formerait-il du devoir d'entretenir la société, puisqu'il l'assimile au devoir de la former, qui ne peut pas en être un ? En effet, l'on conçoit très-bien comment les devoirs sociaux peuvent dériver de la formation de la société ; mais l'on ne conçoit pas comment ce peut être un devoir social que de former une société. On ne s'explique pas d'une manière si obscure et si tortueuse, que le fait ici Puffendorf, quand on n'a que des idées claires à énoncer. Mais je suppose que Puffendorf ait dit nettement, *chacun doit vivre socialement avec tous les autres;* comment prouverait-il sa thèse? Comment ferait-il voir que chacun est débiteur de cette vie, et que tous les autres en sont les créanciers? Il faudrait prouver entr'autres, que cette vie sociale est obligatoire de la part de chacun : ce qu'il ne peut faire dans ses principes, pas plus que les autres auteurs, qui admettent aussi la sociabilité comme fondement de nos devoirs. Cela résulte de ce que nous avons dit précédemment; et de là je conclus que ce n'est qu'en adoptant le contrat social comme fondement du droit, que l'on peut démontrer que les actions de ce droit sont des devoirs.

CHAPITRE X.

Créance du Droit.

De même que tout devoir est une dette, tout ce qu'on appelle un droit est une créance. En effet, ces deux termes ne diffèrent point par leur signification, mais seulement par l'usage que l'on en fait. Ce qu'on exprime par créance en affaires de commerce, on l'exprime ailleurs par le mot de droit. L'on dit même indifféremment : Faire valoir son droit, ou exiger sa créance.

Dette et créance sont des choses corrélatives, puisqu'il ne peut y avoir de débiteur sans créancier, ni de créancier sans débiteur. Il suit de là d'abord, qu'autant il y a de dettes ou de devoirs, autant il y a de créances ou de droits, et réciproquement. Si ensuite l'on considère la nature du devoir, qui est un avantage qu'on est obligé de faire à un autre, on voit qu'un droit n'est autre chose qu'un avantage qu'un autre est obligé de nous faire : de là il suit que droit et devoir, créance et dette se disent de la même action, mais considérée sous deux aspects différens, et par rapport à deux personnes distinctes. La conséquence qui se déduit de ce principe, c'est que toute action du droit étant un devoir ou une dette, comme nous avons vu au chapitre précédent, toute action du droit est aussi une créance ou un droit.

Dans l'hypothèse que le droit des hommes n'est autre chose que l'exécution de leur contrat de société, l'on voit très-bien comment toute action du droit est une créance. Car l'exécution de ce contrat est confiée à l'homme privé, dont toutes les actions sociales sont des devoirs, c'est-à-dire des avantages qu'il est obligé de faire au public : d'où il suit que ce même public est, par rapport à l'homme privé, un véritable créancier, et que ce qui est un devoir par rapport à l'homme privé, est une créance ou un droit par rapport au public.

Trois conséquences d'une haute importance se déduisent de l'hypothèse dans laquelle nous raisonnons. La première, c'est qu'il n'y a que les hommes qui aient des droits, puisqu'il n'y a que les hommes qui soient liés entr'eux par un traité de société; puisqu'il n'y a que chez les hommes qu'existe la distinction d'un public et d'un personnage privé; puisqu'enfin, il n'y a que les hommes qui soient obligés à quelque chose et soumis à des devoirs. La seconde conséquence, c'est que tous les droits des hommes sont des droits conventionnels; puisqu'on suppose que tout le droit des hommes consiste dans l'exécution de leur contrat de société, qui est une convention; puisqu'enfin, ce qu'on appelle des droits de la part des hommes, ne peut être fondé que sur ce qui constitue leur droit. La dernière conséquence est, que les hommes n'ont des droits que comme faisant partie du public, et nullement comme personnes privées, encore moins dans leur simple qualité d'hommes. La raison en est, qu'il ne saurait y avoir de droit sans devoir qui y corresponde, et qu'il n'y a d'assujetti à quelque devoir, que l'homme privé.

Il s'en faut bien que ce soient là les principes des auteurs. Il n'y a pas de mot dont ils abusent plus que de celui de droit, pris pour créance, et auquel, pour leur commodité, ils attachent un sens plus vague. Je dis, pour leur commodité, car ayant à soutenir que les hommes ont naturellement des droits, ils sont forcés de ne rien préciser en cette matière. Examinons leurs hypothèses; et à la tête des diverses erreurs que nous allons combattre, plaçons celles qui attribuent des droits à d'autres êtres qu'aux hommes.

D'abord tous les auteurs indistinctement, supposent à Dieu un droit absolu sur toutes choses; et ils ne voient pas que voulant par cette expression donner de la Divinité une plus haute idée, ils la dégradent en effet; ils ne voient pas, que de supposer à Dieu des droits, c'est l'assimiler à nous; c'est lui supposer des besoins et de l'impuissance, comme nous en éprouvons, puisque ces droits seraient des avantages que d'autres lui devraient, et par conséquent pourraient lui faire; ils ne voient pas qu'en supposant à Dieu un droit sur toutes choses, ils supposent aussi des devoirs de la part de chaque chose, de la part des bêtes, des plantes et des corps inanimés, puisqu'il ne saurait exister de droit sans devoir qui y corresponde et le constitue. De quelle utilité serait un droit à Dieu, lui qui n'a besoin de rien? Quel besoin aurait-il d'un droit, lui qui peut tout, et dont la puissance ne saurait trouver d'obstacle dans son exercice de la part de rien?

Spinosa ne se contente pas de supposer des droits à la Divinité, il en accorde à tous les êtres de la nature, aux bêtes, aux plantes, aux corps bruts, comme aux hommes. Voici comme il raisonne pour établir son paradoxe: *La nature*, dit-il, *considérée absolument et en elle-même, a un droit absolu à tout ce qu'elle peut faire: c'est-à-dire, que le droit de la nature s'étend aussi loin que son pouvoir; le pouvoir de la nature n'étant autre chose que la puissance même de Dieu, qui a un droit absolu sur toutes choses. Le pouvoir universel de toute la nature n'étant autre chose que le pouvoir de tous les individus, il s'ensuit que le droit de chaque individu s'étend aussi loin que son pouvoir déterminé.* (Voyez *Trait. Th. et P.*, *ch.* 16.)

Le raisonnement que fait ici Spinosa se réduit à ceci: Les pouvoirs des êtres individuels forment collectivement le pouvoir de la nature; le pouvoir de la nature est le pouvoir de Dieu. Or, Dieu a le droit de faire tout ce qu'il peut faire: donc il en est de même de chaque être particulier. Mais ce raisonnement tombe, comme on voit, par cela même qu'il est faux de dire que Dieu ait quelque droit, ainsi que nous l'avons prouvé plus haut.

Spinosa est le seul qui confonde le droit avec le pouvoir physique. Tous les autres le définissent un pouvoir moral. Il est donc utile d'examiner en quel sens le droit est un pouvoir, ou si même il en est un. Pour cet effet, jetons un coup d'œil sur les diverses sortes de droits, et jugeons d'après des exemples. J'achète et paie un cheval : j'acquiers par là le droit que le vendeur me le livre. Ce droit n'est pas un pouvoir ; il ne s'exerce par aucun acte de ma part. Quand j'ai ce cheval en ma possession, j'ai le droit que personne ne me le prenne. Ce droit n'est pas non plus un pouvoir ; il ne s'exerce pas non plus par quelqu'acte de ma part. Ayant ainsi acquis la possession et la propriété de ce cheval, j'ai le droit de m'en servir. Ce droit ne consiste pas non plus dans le pouvoir que j'ai naturellement de faire usage de ce cheval : il consiste dans la liberté que me laissent les autres hommes, de disposer de cette bête comme je le juge à propos. Enfin, que ce cheval vienne à tomber dans un fossé ou dans un bourbier, d'où je ne puisse le retirer moi seul, j'ai alors le droit de requérir ou de faire requérir l'assistance de la part des autres hommes. Dans ce cas, sans doute, mon droit est un pouvoir, non pas un pouvoir naturel comme le prétend Spinosa, mais un pouvoir conventionnel : et si par pouvoir moral nos auteurs entendent un pouvoir fondé sur une convention et un devoir auquel les autres hommes se sont obligés, je leur accorde volontiers que le droit est parfois un pouvoir, mais non pas généralement et en toutes circonstances.

Les auteurs qui supposent aux hommes des droits naturels, sans en accorder aux êtres de la nature, sont très-divisés entr'eux. Ils le sont par rapport à la manière d'établir ces droits; ils le sont encore par rapport à la manière dont ils prétendent que les hommes les possèdent.

Aristote et St. Thomas, son fidèle disciple, semblent dire d'une manière assez claire, que l'homme en général tient de la nature un véritable droit sur les autres êtres de la terre. *Puisque la nature*, dit le premier, *ne fait rien d'imparfait, ni rien d'inutile, nous*

devons

devons penser que les plantes ont été formées pour les animaux, et les autres animaux pour les hommes. (Voy. *Polit.*, *lib. I*, *c.* 5.) *Les créatures moins nobles*, dit le second, *sont pour les créatures plus nobles, comme les créatures qui sont au-dessous de l'homme, sont pour l'homme.* (Voyez *Som. Theo.*, *part.* 2, *quest.* 65, *art.* 2.)

Il résulte de ces passages que, dans la pensée de ces auteurs, la nature agit d'après des vues; qu'elle a établi entre les divers êtres qu'elle a formés, une hiérarchie de noblesse et de perfection, en conséquence de quoi, les moins nobles et les moins parfaits sont pour l'usage de ceux qui ont plus de perfection et de noblesse. Sans examiner le mérite de ces principes, nous nous bornerons à demander quelles conséquences l'on en veut tirer. Serait-ce que les hommes qui sont les créatures les plus nobles et les plus parfaites de la terre, ont naturellement un droit sur toutes les autres créatures, sur les bêtes, sur les plantes et sur les corps bruts? Mais, dans ce cas, il faut conclure aussi que les bêtes qui sont plus nobles et plus parfaites que les plantes, ont naturellement un droit sur elles; que les plantes ont un droit sur les élémens et les corps bruts; ce qui est absurde, et reconnu tel par tout le monde, excepté Spinosa; et qui prouverait trop, ne prouverait rien.

Grotius, Puffendorf et Lockes accordent aussi aux hommes en général, ou au genre humain, des droits naturels, mais sur d'autres principes. Le premier nous assure que *Dieu, immédiatement après la création du monde, donna au genre humain en général, un droit sur toutes les choses de la terre, et qu'il renouvela cette concession dans le renouvellement du monde, après le déluge.* (V. liv. II, ch. 2, § 2.) *Il est constant*, dit Puffendorf, *que Dieu veut bien que l'homme se serve des autres créatures, et cela paraît clairement par l'impossibilité de subsister sans le secours de ces créatures, dont quelques-unes s'offrent, pour ainsi dire, d'elles-mêmes à nos besoins. Car, comme c'est de Dieu que nous tenons la vie, il faut croire certainement qu'il nous a aussi accordé l'usage de toutes les choses, sans quoi ce présent de sa libéralité infinie ne peut être conservé. Ajoutez à cela l'autorité incontestable des écrivains sacrés, qui nous enseignent formellement que Dieu a donné pouvoir aux hommes, non seulement sur les végétaux, mais encore sur les animaux qui vivent, ou dans l'air, ou sur la terre, ou au milieu de la mer.* (V. liv. IV, ch. 3, § 2.) Lockes nous dit : *Soit que nous considérions la raison naturelle, qui nous dit que les hommes ont droit de se conserver, et conséquemment de manger et de boire, et de faire d'autres choses de cette sorte, selon que la nature leur fournit de biens pour leur subsistance; soit que nous consultions la révélation, qui nous apprend ce que Dieu a accordé en ce monde à Adam, à Noë et à ses fils, il est toujours évident que Dieu, dont David dit : Qu'il a donné la terre aux fils des hommes, a donné en commun la terre au genre humain.* (V. du Gouv. Civ., ch. 4, § 1.)

La lecture de ces divers passages produit d'abord un premier effet, celui de l'étonnement de voir que les Grotius, les Puffendorf, les Lockes, traitant une matière purement naturelle et étrangère à toute croyance, ont néanmoins recours à l'autorité des livres sacrés et à la révélation, pour établir quelques points de leur doctrine ; mais cette surprise fait bientôt place à un autre sentiment, celui de la conviction, qu'aux yeux même de ces auteurs, le point dont s'agit ne saurait être établi autrement : de sorte qu'il ne faut voir dans les passages que nous venons de rapporter de ces auteurs, qu'un aveu qu'ils font, que le droit naturel, qu'ils attribuent au genre humain sur les choses de la terre, est un principe qui ne saurait être établi par le seul raisonnement; et cet aveu est d'autant plus précieux, qu'il s'agit ici des auteurs les plus renommés dans cette partie.

Grotius paraît avoir été tellement convaincu de l'impossibilité d'appuyer ce principe sur la raison, qu'il s'est contenté de la seule autorité de la révélation, sans mélange de réflexions subsidiaires. Puffendorf et Lockes en agissent différemment; et bien qu'ils s'expliquent en d'autres termes, leur raisonnement est pourtant le même. Ils s'appuient sur le besoin qu'ont les hommes des biens de la terre pour subsister, et sur la conséquence qu'il faut déduire de là, que Dieu, qui nous a donné la vie, nous a aussi accordé l'usage de ces biens et le droit d'en disposer. Mais si le besoin qu'ont les hommes pour subsister et se conserver, de faire usage des bêtes, des plantes et des corps bruts, est pour eux un titre, en vertu duquel ils ont droit de disposer de ces êtres; ce droit appartient également aux bêtes et aux plantes, qui éprouvent le même besoin. Si le besoin qu'éprouvent les hommes de disposer des autres créatures est pour nous un motif de penser que Dieu nous en a accordé le droit, le besoin qu'éprouvent les plantes et les bêtes de disposer des autres créatures, est également pour nous un motif de penser que Dieu leur en a accordé le droit; ou il faut nous expliquer comment Dieu peut être inique et partial, et sur quoi fondé on affirme que Dieu l'est en notre faveur et au préjudice de ses autres créatures: et voilà précisément ce que nos auteurs ne font pas.

Au surplus, il est impossible que le genre humain, ou les hommes en général et collectivement, possèdent quelque droit que ce soit, naturel ou autre. C'est une absurdité de le supposer, soit qu'on raisonne à la manière des Grotius, des Puffendorf et des Lockes, soit qu'on raisonne à la manière des Aristote et des St. Thomas. Car, comme il ne saurait exister de droit, sans qu'il soit fondé sur quelque devoir, et sur le devoir d'un suppôt distinct de celui à qui l'on suppose que le droit appartient ; quel serait ce suppôt à qui appartiendrait le droit detout le genre humain ? Il n'appartiendrait pas au genre humain ; cela serait impossible : il appartiendrait donc aux autres êtres, aux bêtes, aux plantes, aux corps bruts ; ce qui est tellement répugnant, qu'aucun auteur, pas même Spinosa, n'a jamais imaginé que ces êtres en fussent capables.

Grotius et Puffendorf, après avoir accordé au genre humain un droit naturel sur les choses de la terre, comme nous l'avons vu, supposent ensuite et enseignent qu'aucun homme en particulier ne peut acquérir la propriété d'une partie du bien commun sans le consentement de tous les autres ; et s'ils attribuent à l'acte d'une première occupation de quelque bien, l'effet de la propriété, ce n'est qu'en supposant à cet égard une convention expresse out acite entre tous les hommes. En cela, ces auteurs sont conséquens, un bien commun ne pouvant devenir propriété particulière par le fait seul d'un membre de la communauté, mais seulement par le consentement de tous. Lockes, au contraire, prétend qu'un homme peut devenir le propriétaire d'un bien commun, sans la participation des autres communitaires, et par le fait seul d'une première occupation. Barbeyrac, qui a saisi avidement cette pensée de l'auteur anglais, la rend en ces termes : *Toute prise de possession*, dit-il, *a, par l'effet de la volonté du donateur* (de Dieu), *une vertu propre de faire en sorte que le premier occupant s'approprie légitimement quelqu'une des choses données en commun, pourvu qu'il n'en prenne pas plus qu'il ne faut, et qu'il en laisse assez pour les autres.* (V. Puff., liv. IV, ch. 4, § 4, n°. 4.)

Je ne m'arrêterai point ici à prouver que Dieu ne donne point de droit de propriété à tel homme en particulier sur tel bien, dont il s'empare le premier. Ce n'est là qu'une assertion gratuite de ces auteurs ; mais je dois faire observer la contradiction dans laquelle ils tombent, en supposant, comme ils font, que Dieu a donné tous les biens de la terre à la communauté humaine, et qu'il donne en même temps ces biens à qui les prendra le premier : ces deux donations d'un même bien ne peuvent point s'accorder ni subsister ensemble.

Dans les principes de Hobbes, dont J.-J. Rousseau, ainsi que d'autres empruntent souvent le langage, le droit naturel sur toutes choses n'appartient point au genre humain ou à l'homme en général, mais à chaque homme en particulier. Voici comme il expose sa doctrine : *Il n'y a rien à blâmer*, dit-il, *ni à reprendre, il ne se fait rien contre l'usage de la droite raison, lorsque, par toutes sortes de moyens, on travaille à sa conservation propre, on défend son corps et ses membres de la mort ou de la douleur qui la précède. Or, tous avouent que, ce qui n'est pas contre la droite raison, est juste et fait à très-bon droit.* Puis faisant l'application de ce principe, il dit : *Chacun a droit de se conserver ; il a donc droit d'user de tous les moyens nécessaires pour cette fin. Or, les moyens nécessaires sont ceux que chacun estime tels, en ce qui le touche. Donc chacun a le droit de faire et de posséder tout ce qu'il jugera nécessaire à sa conservation.* (V. de la Lib., § 6 et 10.)

J'accorde sans difficulté à Hobbes, que si chaque homme a naturellement le droit de se conserver, il a aussi le droit d'user de tous les moyens nécessaires pour cette fin. Car le droit à la fin renferme le droit aux moyens. Mais je nie que chaque homme ait de sa nature le droit de se conserver. Déjà j'ai prouvé, contre Aristote, St. Thomas, Grotius, Puffendorf et Lockes, que le droit naturel de se conserver n'appartient point à l'homme en général ; et les raisons que j'ai alléguées s'appliquent également à chaque homme en particulier ; et il en est une de plus pour détruire l'assertion de Hobbes : c'est que le droit de se conserver, en le supposant purement naturel et indépendant de toute convention entre les hommes, serait dans la personne de chacun, en contradiction avec le droit de se conserver de tous les autres : ce qui est contre la nature d'un droit. Nous pouvons nous rapporter là-dessus à l'auteur lui-même, qui est forcé d'avancer, que *là où chacun retient son droit sur tout, il n'y a point de droit sur aucune chose.* (V. Corp. Pol., part. 1, ch. 4, § 6.)

Mais il faut revenir à la manière particulière dont Hobbes prétend établir le droit qu'il suppose à chacun de se conserver par tous les moyens qu'il juge convenables à cette fin. Le raisonnement dont il se sert, revient à ceci. Tout ce que la raison approuve est fait à bon droit. Or, la raison approuve tous les moyens qu'on peut imaginer pour se conserver ; donc, etc. Sans examiner la majeure de ce syllogisme, nous pouvons assurer que la mineure est de toute fausseté. Elle est fausse dans l'hypothèse de l'existence de l'ordre actuel des choses ; car la raison n'approuve que ceux des moyens de conservation que la société autorise, et qui sont compatibles avec la conservation des autres. Elle est fausse encore dans l'hypothèse dans laquelle notre auteur raisonne, c'est-à-dire, en prenant les hommes avant toute convention entr'eux et dans l'état de nature. Dans cet état, ce que la raison dicte, n'est pas de se conserver par tous les moyens qu'on voudrait employer ; mais elle dicte à chacun de s'unir socialement à tous les autres, pour employer ensuite à sa conservation les moyens que procure et autorise la société.

Nous venons d'épuiser et de réfuter toutes les hypothèses qu'on a imaginées pour pouvoir attribuer aux hommes des droits naturels. Qu'en résulte-t-il? sinon la preuve complette, que droit et devoir ne sont que des relations d'homme à homme, et des relations fondées sur des conventions. Il en résulte finalement, que le contrat social est le fondement de tous les droits des hommes, comme il est le fondement de tous leurs devoirs : ce contrat étant la convention générale, et par conséquent unique, qui existe entre les hommes.

CHAPITRE II.

Légalité du Droit.

Par le caractère de légalité, que j'attribue au droit, j'entends que chacune des actions dont le droit se compose, est une loi; et je dois penser que c'est là aussi ce que l'on suppose, quand au mot de droit, l'on substitue celui de loi, comme dans ces expressions: loi naturelle, pour droit naturel; loi positive, pour droit positif. Je dis que je dois le penser; car ce serait une erreur de supposer, que droit et loi signifient précisément la même chose. Une action du droit n'est pas une loi, précisément parce qu'elle fait partie du droit; mais parce qu'en en faisant partie, elle est plusieurs fois à faire, c'est-à-dire, autant de fois que se présente la circonstance qui l'exige. C'est ainsi que les scholastiques conçoivent la loi, quand, en la définissant, ils disent que c'est un précepte commun, *præceptum commune:* par quoi ils font entendre, que c'est ce qu'il y a de général ou de commun dans un précepte, qui constitue la loi, et non pas le précepte lui-même. C'est aussi en concevant de cette manière la loi au moral, qu'elle a de l'analogie avec la loi au physique. Qu'un corps élastique tombant sur un plan fasse un angle de réflexion égal à l'angle d'incidence, voilà un fait naturel et physique : mais quand je considère ce fait, comme arrivant chaque fois que ce corps, ou un autre de la même espèce tombe sur un plan, ce n'est plus un simple fait, mais une loi de la nature. De même, qu'on jette de l'eau dans un bassin, aussitôt qu'elle cessera d'être agitée, elle se mettra partout de niveau : c'est encore un fait, qui, considéré comme ayant lieu chaque fois que cette eau ou une autre, est transvasée, est une loi physique et naturelle. Et de là il faut conclure, qu'en matière de droit, et au moral, comme on dit, la loi n'est autre chose qu'une action considérée comme devant être faite, soit par la même personne, soit par plusieurs, ou par toutes, chaque fois que la circonstance qui l'exige se présente.

Cela posé, il n'est pas difficile de faire voir que toutes les actions exécutives du contrat social sont autant de lois ; car il résulte de ce que nous avons déjà établi ci-devant, que toutes ces actions sont utiles; et comme de leur nature, et abstraction faite de toutes circonstances, les actions sont indifférentes, il s'ensuit que ce sont les circonstances qui décident si telle ou telle action tend à l'exécution du contrat social. Or, il n'y a pas de circonstance tellement particulière, qu'elle ne se présente à plusieurs membres de la société humaine, et souvent plusieurs fois; d'où il suit que toute action exécutive du contrat social est une loi. Ainsi, dans l'hypothèse, que l'exécution du contrat social forme le droit humain, il n'y a pas de doute que chacune de ses actions ne soit une loi particulière; mais aussi il est constant et démontré que toute loi humaine est une loi positive: une loi n'étant autre chose qu'une action du droit considérée comme générale et commune.

Nos auteurs qui admettent deux sortes de droit d'une nature différente, admettent aussi deux sortes de loi, l'une naturelle et l'autre positive. En cela ils sont conséquens, et leur erreur ne consiste que dans le double droit, dont ils reconnaissent l'existence. Cette erreur néanmoins ne les empêcherait pas d'avoir de la loi, en général, une notion plus juste et plus vraie. Car qu'une loi soit positive ou naturelle, elle n'est pas moins toujours une même action répétée ou à répéter dans les mêmes circonstances; mais au lieu de s'en tenir à une idée si simple, qui les réunirait tous, ils se jettent dans des écarts qui les divisent; tantôt elle est un jugement, tantôt une volonté; selon les uns, elle est toujours obligatoire; selon d'autres, elle est encore permissive. Il n'est pas inutile de jeter un coup d'œil sur cette diversité de sentimens; on n'en sera que plus convaincu, que la manière dont nous définissons la loi, est la seule vraie, et qu'il n'y a d'autres lois positives et humaines que les actions exécutives du contrat social.

Cicéron nous présente la droite raison comme une véritable loi; cette idée généralement adoptée l'est surtout par l'auteur de l'article *loi* dans l'Encyclopédie. *La loi en général*, dit-il, *est la raison humaine en tant qu'elle gouverne tous les peuples de la terre; et les lois politiques et civiles de chaque nation ne doivent être que les divers cas particuliers auxquels s'applique cette raison humaine.*

Comme le mot de raison est équivoque, qu'il signifie tantôt la faculté que nous avons de bien juger, tantôt les actes même de cette faculté, je demande en quel sens l'on prend le mot de raison. Quand on dit qu'elle est la loi, ce ne peut être dans le premier sens; car nous aurions beau avoir la faculté de bien juger, si nous ne faisons pas usage de cette faculté, nous restons toujours dans l'ignorance de ce qu'il faut faire, comme l'oiseau qui n'exerçant pas sa faculté de voler, reste toujours à terre et ne s'élève jamais. La loi humaine serait donc dans l'exercice de la raison; mais cet exercice qu'on appelle, tantôt conseil, tantôt précepte, tantôt dictamen de la raison, n'est au fond autre chose qu'un jugement bon et vrai, ou autrement une connaissance: or, connaissance et loi sont nécessairement deux choses distinctes, tout comme connaissance et papier, connaissance et chapeau. En général, la connaissance n'est que la chose connue qui en est l'objet, et la chose connue n'est pas sa connaissance, qui n'en est que la représentation. Une chose peut exister, sans qu'on la connaisse; mais une chose ne saurait être connue sans exister. D'où il faut tirer la conséquence, que loin d'être une connaissance, la loi existe indépendamment d'elle, par la raison même qu'elle est, ou peut être connue, tout comme le papier e les chapeaux existent indépendamment de l'idée qu'on s'en acquiert. La raison n'est donc ni la loi, ni le droit, ni toute autre chose qu'elle.

Puffendorf définit la loi en ces termes : *La loi*, dit-il, *est une volonté d'un supérieur, par laquelle il impose à ceux qui dépendent de lui l'obligation d'agir d'une certaine manière qu'il leur prescrit.* (Voy. *Liv.* I, *ch.* 6, § 4.) Observons que, comme, selon l'auteur, il y a deux sortes de loi, l'une naturelle, qui émane de Dieu, l'autre positive, dont le souverain de chaque Etat est l'auteur, le mot de supérieur, qui est commun, désigne l'un et l'autre principe de la loi.

Nous avons déjà réfuté ce que l'auteur suppose ici en premier lieu ; savoir, que les hommes sont commandés et obligés par l'effet de la volonté de Dieu, ainsi que par celle du souverain. Ce qu'il suppose en second lieu, n'est pas moins faux ; savoir, que le commandement et l'obligation des hommes sont des effets nécessaires de la loi. Certes, s'il n'existait qu'un seul homme sur la terre, cet homme aurait à suivre des lois, il aurait la même action à faire dans les

circonstances

circonstances qui seraient les mêmes, et cependant il ne serait commandé ni obligé par personne. Les bêtes, pour qui il n'existe ni obligation, ni commandement, se conforment aussi à des lois morales, agissant volontairement de la même manière dans les mêmes circonstances. L'obligation et le commandement ne sont donc pas des effets de la loi, bien qu'il n'y ait pas de loi qu'on ne soit commandé et obligé de suivre.

La troisième chose que suppose Puffendorf, ou plutôt qu'il énonce disertement, c'est que la loi est une volonté. On ne peut pas s'exprimer d'une manière plus laconique, pour dire que ce qui régit et dirige les hommes, est quelque chose d'arbitraire et de contingent; car tel est le caractère essentiel de toute volition. Certes, la condition à laquelle Puffendorf nous réduit, n'est pas de nature à être enviée, même par les brutes; surtout quand on considère que la volonté arbitraire et contingente qui doit gouverner les hommes, n'est pas même la leur. C'est, disent les auteurs, la volonté d'un supérieur, c'est-à-dire, la volonté de Dieu et la volonté du souverain. Quel système doit être celui qui nécessite un pareil accolement? Veut-on dire par là que, par rapport aux hommes, Dieu n'est guères plus que le souverain, ou que le souverain n'est guères moins que Dieu? car enfin, on assimile l'un à l'autre, on les comprend sous la même dénomination de supérieur. Pourquoi cette dégradation d'une part, ou cette exaltation de l'autre?

Je n'ignore pas que l'on cherche à modifier la chose, en disant que ce n'est que la volonté de Dieu qui dirige et oblige les hommes par elle-même; que la volonté du souverain n'a cette vertu que par communication, et parce que Dieu veut que les hommes fassent ce que veut le souverain. Mais cette explication, loin d'adoucir ce que la doctrine de nos auteurs a de révoltant, le rend pire. Car au moyen de ce qu'on vient de dire, l'autorité de Dieu n'est plus simplement en concurrence avec celle du souverain; mais elle devient ministérielle par rapport à cette dernière. Vous présenter Dieu comme un être subordonné, comme un instrument toujours prêt à donner force obligatoire el directrice à tout ce que le souverain veut, aujourd'hui telle chose, demain telle autre, ou son contraire: je le répète, un système qui conduit à de pareilles conséquences, est un système à proscrire comme tendant d'une part à dégrader la Majesté divine, et de l'autre à corrompre le jugement du souverain, pour son malheur personnel, autant que pour celui de ses peuples.

La loi humaine n'étant autre chose qu'une action du droit, considérée comme étant à faire plusieurs fois, il est certain qu'une action étrangère au droit, ne saurait être l'objet d'une loi; et comme toute action du droit est obligatoire, soit qu'il faille la faire, soit qu'il faille l'omettre, il s'ensuit que toute loi est accompagnée d'obligation. C'est ce qu'a très-bien reconnu Puffendorf, d'après Grotius. Mais Barbeyrac, Burlamaqui, les jurisconsultes Romains, et généralement les auteurs, sont d'un sentiment différent. En attribuant à la loi l'effet de commander et de défendre, ils lui attribuent aussi celui de permettre; d'où ils concluent que la loi est ou obligatoire, comme ils disent, ou permissive. Mais ces auteurs se trompent sur la nature de la permission. Ils supposent qu'une action, du moment qu'elle est permise, devient indifférente, et qu'on peut la faire ou ne la pas faire, comme on veut, et sans conséquence, par rapport au droit. Ce n'est pas là ce qu'entendent ceux qui donnent une permission. Ils ne peuvent pas prétendre rendre indifférent ce qui, sans leur permission, serait bon ou mauvais, à moins de les supposer dénués de bon sens; ils entendent seulement abandonner au permissionnaire le soin d'examiner lui-même, s'il doit faire ou non la chose à lui permise.

CHAPITRE XII.

Unité du Droit.

IL est de l'essence de tout droit d'être l'acheminement direct vers un point. Cela résulte de sa définition même. Il est donc aussi de l'essence de tout droit d'être un; n'y ayant vers un point qu'un seul chemin qui soit direct, et le plus court. En appliquant ce principe au droit humain, on voit qu'il ne saurait être composé d'actions divergentes, encore moins d'actions qui se contrarient.

Selon l'enseignement reçu, le droit des hommes se compose de deux parties, dont l'une s'appelle le droit naturel, et l'autre le droit positif; dont l'un émane de Dieu, et dont l'autre émane du souverain. Il résulte de là que le droit naturel et le droit positif ne peuvent composer un droit total qui soit un, à moins que le but que se proposent l'un et l'autre auteur du droit, ne soit le même; à moins encore, que ni l'un, ni l'autre auteur ne se trompent en déterminant les actions qui doivent composer leur droit respectif.

Que Dieu veuille le bonheur des hommes, unique but de leur droit ; que les actions que Dieu détermine comme conduisant directement à ce but, y conduisent en effet, voilà de quoi l'on ne saurait douter. En est-il de même du souverain et de son infaillibilité, quand il décrète ses lois ? Nous allons en juger par nos auteurs eux-mêmes.

Ils enseignent d'abord que le souverain ne peut pas commander ce que le droit naturel défend ; ni défendre ce que le droit naturel commande : cela veut dire en d'autres termes, que le souverain, dans son droit positif, ne peut pas se proposer un but diamétralement opposé à celui que se propose Dieu dans son droit naturel ; mais, qu'à cette exception près, il peut se proposer telle fin qu'il jugera à propos. Ce qui confirme la justesse et la vérité de cette conséquence, c'est ce que nos auteurs enseignent en second lieu ; savoir : que le souverain peut ne pas défendre ce que le droit naturel défend ; ne peut pas commander ce que le droit naturel commande. Cela ne veut-il pas toujours dire, que le souverain, dans son droit positif, peut se proposer telle fin qu'il voudra, pourvu qu'elle ne soit pas directement contraire à celle du droit naturel?

Nos auteurs enseignent en troisième lieu, quele souverain peut commander ou défendre comme il lui plaît, ce que le droit naturel ne défend ni ne commande. L'action que le droit naturel ne commande, ni ne défend, est indifférente par rapport au but de ce droit; si elle était bonne, Dieu la commanderait; si elle était mauvaise, Dieu la défendrait: ou il faudrait supposer que Dieu ne veut pas sérieusement le but du droit naturel. Ainsi, quand nos auteurs permettent au souverain de commander ou de défendre ce qui est indifférent par rapport au but du droit naturel, n'est-ce pas supposer qu'il peut se proposer dans son droit positif, un tout autre objet que celui du droit naturel?

En comparant le droit naturel et le droit positif, pour examiner si ce sont là deux droits concordans, j'ai raisonné dans l'hypothèse la plus favorable à cette concordance. J'ai supposé de la part du droit positif la même universalité, la même perpétuité qu'on attribue au droit naturel; c'est-à-dire, j'ai supposé que le droit positif était toujours et par-tout le même. Mais on sait combien cette hypothèse est éloignée de la vérité ; on sait que tous les peuples ne sont pas soumis au même droit ; que les mêmes peuples changent de droit et de législateur de temps à autre ; on sait que toutes ces variations n'ont pas uniquement pour cause la diversité des circonstances ; mais le plus souvent la différente manière de voir du législateur. Si donc le droit positif, comparé à lui-même, n'est pas un et concordant, comment serait-il concordant et un avec le droit naturel, dont le but, comme nous l'avons vu, peut n'être pas le même que celui du droit positif, ainsi que l'enseignent les auteurs eux-mêmes ?

Si nous prenons maintenant que le droit des hommes n'est autre chose que l'exécution de leur contrat de société, nous y trouverons une parfaite concordance dans toutes ses dispositions, en un mot une parfaite unité. D'abord, il n'est que d'une seule nature, c'est-à-dire, qu'il n'est que positif : en second lieu, il n'a qu'un seul auteur, ce sont les hommes traitant ensemble : en troisième lieu, il n'a qu'un objet, le bonheur de chacun des contractans. Quant aux moyens à employer pour atteindre ce but, moyens qui ne consistent que dans du travail et des jouissances, tout ce que chacun doit faire, est concordant avec ce que doivent faire tous les autres : car, d'après les principes établis, chacun doit travailler et jouir équitablement. Or, nous avons également vu que l'effet de l'équité, dans le partage du travail et de la jouissance, est non seulement d'écarter toutes contradictions ; mais encore de faire concourir le travail et la jouissance de chacun au plus grand avantage de tous.

Ainsi, dans notre système, le droit des hommes est parfaitement un, et il ne l'est nullement dans le système reçu.

CHAPITRE XIII.

Connaissance du Droit.

Le droit a pour dernier caractère d'être connaissable. Faute de pouvoir être connu, le droit serait impraticable, et par conséquent ne serait pas le droit des hommes, ne pouvant leur servir de moyen pour atteindre le but qu'ils se proposent. Cela posé, examinons dans quel système, celui que je propose ou celui que je réfute, le droit est le plus facile à connaître, si même il l'est dans ce dernier système.

Accordons d'abord que le droit positif, conçu dans la publication des volontés du souverain, peut être connu sans difficulté; mais en est-il de même du droit naturel, ou des volontés de Dieu qui le constituent? Selon Grotius, le droit naturel consiste *dans certains principes de la droite raison, qui nous font connaître qu'une action est moralement honnête, ou déshonnête, selon la convenance ou la disconvenance nécessaire qu'elle a avec une nature raisonnable et so-*

ciable ; et par conséquent que Dieu , qui est l'auteur de la nature , ordonne ou défend une telle action. (V. liv. I , ch. 1 , § 10.)

Si l'on réduit cette phrase à ses moindres termes , en la débarrassant de tous ses pléonasmes , on voit que notre auteur fait consister le droit naturel dans les actions qui conviennent à la nature raisonnable et sociable de l'homme. Mais si de sa nature l'homme est un être raisonnable et sociable , de sa nature aussi il est faillible , et comme tel capable d'agir comme un être déraisonnable et insociable. Pourquoi donc Grotius fait-il consister le droit humain dans les actions raisonnables et sociables , plutôt que dans les actions d'une espèce contraire ? il ne le dit pas ; et cependant s'il n'est pas démontré que les seules actions raisonnables et sociables font partie du droit des hommes , comment connaître ce droit et le distinguer de ce qu'il n'est pas ?

Accordons maintenant à Grotius ce qu'il avance gratuitement , et supposons que le droit des hommes ne consiste que dans celles de leurs actions qui conviennent à leur marche raisonnable et sociable : en connaîtra-t-on mieux ce que c'est que leur droit naturel ?

Dire que les hommes ont une nature raisonnable, c'est dire que les hommes sont doués de la faculté que l'on nomme raison. D'où il suit, que placer le droit des hommes dans les actions conformes à la raison, ce n'est pas déterminer en quoi consiste le droit naturel des hommes, exclusivement au droit des bêtes, comme on prétend le faire ; puisque les bêtes aussi sont capables de faire des actions conformes à la raison.

Mais, dira-t-on, il faut prendre ici ces deux expressions raisonnables et sociables cumulativement ; de sorte que le droit naturel des hommes ne consiste pas, selon Grotius, dans les seules actions raisonnables, mais dans les actions qui sont raisonnables et sociables tout à la fois ; j'y consens. Mais, dans ce cas, je demanderai quelle signification l'on attache au mot sociable. Si par nature sociable, on entend ce que cette expression signifie véritablement, savoir : que l'homme est naturellement susceptible de s'unir en société avec tous ses semblables ; alors je dis que le droit naturel consisterait dans une seule action, celle par laquelle chaque homme s'unirait en effet en société avec tous les autres ; ce qui ne peut pas faire le compte de

Grotius, ni d'aucun des partisans du droit naturel. Si, au contraire, l'on attache au mot sociable le sens dans lequel le prennent nos auteurs, de manière qu'attribuer à l'homme une nature sociale, c'est lui supposer le devoir naturel de vivre socialement avec ses semblables; dans ce cas, je nie formellement que la nature de l'homme est une nature sociable; je nie surtout, que la raison conseille aux hommes de vivre socialement entr'eux, sans au préalable avoir fait quelque pactisation à ce sujet. Ainsi, de quelque manière qu'on s'y prenne, l'on ne peut pas, dans les principes de Grotius, nous faire connaître en quoi consisterait le prétendu droit naturel.

Puffendorf, par son principe fondamental du droit naturel, fait-il mieux connaître en quoi ce droit consiste? Non. Pour la commodité du lecteur, replaçons ici ce principe déjà rapporté : *Chacun*, dit-il, *doit être porté à former et entretenir*, *autant qu'il dépend de lui*, *une société paisible avec tous les autres*, *conformément à la constitution et au but de tout le genre humain sans exception.* J'ai déjà fait remarquer l'équivoque des termes dans lesquels l'auteur exprime les premières idées de son principe fondamental; je pourrais faire remarquer l'affectation avec laquelle il allonge sa phrase par des mots inutiles, tels que ces mots : *autant qu'il est en lui ;* comme si l'homme pouvait être tenu à l'impossible ! tel que le mot *paisible* ajouté à celui de société, comme s'il pouvait exister une société hostile! tels enfin que le mot *tout* et ceux de *sans exception* ajoutés à ceux du genre humain ; comme si le genre humain n'était point tout le genre humain, ou n'était point le genre humain sans exception! J'attribue à une affectation les pléonasmes que je viens de signaler ; parce que tout ce qui dans une proposition ne tend point à la préciser et à l'éclaircir, produit l'effet contraire ; et c'est, je crois, ce que Puffendorf cherchait *ici*.

Quoi qu'il en soit, le principe fondamental de notre auteur, dégagé comme il doit l'être, se réduit à ceci : Chacun doit former et entretenir une société avec tous les autres, conformément à la constitution et au but du genre humain. Quand on a lu ces premières paroles, *chacun doit former et entretenir une société avec tous les autres :* on s'attend à ce que le surplus de la phrase nous expliquera l'objet de cette société générale des hommes ; car, faute de cette désignation, l'on ne peut pas savoir de quelle société il s'agit ici, ni par conséquent ce qu'il faut faire pour la former, encore moins ce qu'il faut faire pour l'exécuter ou l'entretenir. Mais croit-on que ces paroles, *conformément à la constitution et au but du genre humain*, exposent bien nettement l'objet de la société humaine ? Par le mot de conformément, on désigne un modèle, et non pas une fin. Au surplus, qu'entend-on par la constitution et le but du genre humain ? Puffendorf ne nous le dit pas. Le genre humain considéré comme tel, n'a ni constitution ni but, pas plus que le genre des chevaux, ou le genre des pigeons. Il n'acquiert une constitution et un but, que quand il est transformé en société. Cette phrase, *conformément à la constitution et au but du genre humain*, loin d'exprimer l'objet de la société humaine, ne présente même pas de sens. Or, si l'on ne sait pas quelle société les hommes doivent entretenir et former, comment saurait-on ce qu'ils doivent faire pour la former et l'entretenir ? D'où il suit que Puffendorf ne saurait tirer aucune conséquence de son prétendu principe fondamental, ni par conséquent nous faire connaître en quoi consiste son droit naturel.

Pour faire voir, au contraire, que le droit pris pour l'exécution du contrat social peut être connu dans tous ses détails, distinguons d'abord deux manières de connaître une chose: l'une en elle-même et intuitivement; l'autre par ses relations seulement. Quand on me dit de la quantité x, qu'elle est le sextuple de 37, ou autrement qu'elle est à 37 comme 6 est à 1, je ne la connais que par sa relation avec le nombre 37; mais quand on me dit qu'elle est 222, je la connais en elle-même et intuitivement. Tant qu'on ne fait que de me désigner une personne, que comme père ou époux de telle autre, que comme propriétaire de tel bien, je ne la connais que par ses relations; mais, quand on la présente à ma vue, je la connais intuitivement et en elle-même. Ce que je dis ici d'une quantité, d'une personne, s'applique aussi à des actions. On peut savoir qu'une action a produit du mal ou du bien, sans encore savoir quelle est cette action en elle-même. Quand on charge un avocat de défendre une cause, l'avocat sait déjà que ce qu'il dira aux juges, sera ce qu'il pensera être le plus favorable à cette cause; mais il ne sait encore lui-même ce qu'il dira; il ne connaît encore sa propre action, que par sa

relation

relation avec la cause ; il ne la connait en elle-même, qu'après avoir lu les pièces.

Si nous faisons l'application de ces principes aux actions exécutives du contrat social, on voit que chaque homme a une connaissance relationnelle de ces mêmes actions ; c'est-à-dire que chacun sait que ces actions ont un rapport de causalité ou de nécessité avec le but de l'association. Ce n'est en effet que sous ce point de vue que chacun les veut ; et l'on ne saurait vouloir ce que l'on ne connait pas : *ignoti nulla cupido.*

Sans doute, si la connaissance relationnelle que l'on a d'une chose, suffit pour la vouloir, elle ne suffit pas pour la faire ; s'il faut pour effectuer une chose la connaître en elle-même, du moins la première de ces connaissances est une donnée qui conduit à la seconde. C'est ainsi que par des opérations de calcul, je parviens à connaître la quantité 222, valeur de l'inconnue x, en partant de son rapport de 6 à 1, qu'elle a avec la quantité 37. C'est ainsi que par des informations, je parviens à connaître personnellement tel père, tel époux, tel propriétaire. C'est ainsi que par l'examen des titres, le défenseur officieux parvient à savoir ce qu'il veut dire dans son plaidoyer. C'est ainsi, enfin, qu'un homme peut parvenir à savoir quelle action il doit faire dans telle circonstance, en partant de la donnée, que l'action dont s'agit doit avoir avec le plus grand bien commun une relation de nécessité; et le procédé à suivre est d'autant plus simple, qu'il ne consiste que dans un balancement des effets que produiraient les diverses actions que l'on pourrait essayer de faire dans la circonstance dont s'agit. De là je conclus que les actions exécutives du contrat social sont connaissables, et que par conséquent les actions du droit, en confondant celui-ci avec l'exécution du contrat social, ont le même caractère.

Je n'ignore pas que tous les hommes ne sont pas capables d'imaginer toutes les actions qui peuvent être faites dans une circonstance donnée, ni d'apprécier celle qui convient le mieux; mais aussi ne prétends-je point, qu'en adoptant mon système du droit, l'on n'a plus besoin de gouvernement. Je soutiens seulement que, dans mon système, ceux qui sont chargés de diriger les autres et d'édicter le droit, trouvent dans mes principes plus de moyens de remplir convenablement cette honorable fonction.

Soit que vous fussiez chargé de gouverner les autres, soit que vous n'eussiez à régir que votre personne, si vous avez à cœur de marcher toujours dans la voie du droit, de n'y faire que des pas sûrs, de juger par vous-même de l'utilité des choses; si enfin vous voulez être un homme, et non pas une machine et un instrument d'autrui, de quel prix ne sera pas à vos yeux un ouvrage qui rassemble, sous des points de vue rapprochés, toute la matière pratique; un ouvrage qui ne soit que le développement méthodique et clair d'un seul principe fondamental d'une vérité incontestable; ouvrage d'une conception heureuse et vraie, à la perfection duquel l'on ait fait contribuer tout ce que, depuis des siècles, les hommes ont imaginé de plus utile, leur expérience, leurs raisonnemens, et surtout leurs pensées les plus judicieuses?

Un tel ouvrage n'existe pas. Jetez un coup d'œil sur l'état actuel de la science pratique. Que voyez-vous? Des Traités épars sur la morale, sur la politique, sur le droit naturel, sur le droit positif, civil ou public; des Traités sur toutes sortes d'arts, tant intellectuels qu'économiques; mais vous ne trouverez pas un seul ouvrage qui fasse connaître le point de contact de toutes ces choses, qui les représente comme parties d'un même ensemble, comme formant par leur réunion toute la science pratique. Aussi, qu'en arrive-t-il? que, faute de principe commun, ces Traités sont en dissonnance, et parfois en contradiction entr'eux; que faute de principes propres, ces Traités empiètent les uns sur les autres; de sorte qu'on ne sait pas au juste ce qui doit appartenir à l'un plutôt qu'à l'autre. Il arrive que vous n'êtes pas sûr, si ces divers Traités embrassent toute la matière pratique; si même ils ne renferment rien qui lui soit étranger; de sorte, enfin, que vous ignorez à la fois quelle est l'étendue et quelles sont les limites du droit.

Mais, admettez que le droit des hommes consiste dans l'exécution de leur contrat de société, dès-lors vous concentrez la science du droit sur un seul point: la connaissance du contrat social et de ses dispositions; vous êtes certain que la jurisprudence, ou la science du droit, comprend toute la matière pratique, les hommes n'ayant à agir que par rapport à leur bonheur, but de la société humaine; vous êtes certain que la science du droit ne comprend rien d'étranger à la science pratique, la société humaine n'ayant d'autre objet que le bonheur des hommes; vous êtes certain que la science pratique confondue avec la jurisprudence, est susceptible d'une exposition claire et méthodique, les données de cette exposition et de ce développement se trouvant dans la nature de la société en général, dans la nature du bonheur que les hommes recherchent, dans la constitution de l'homme et des corps qui l'environnent, et la nature de leurs puissances actives et passives. D'où il faut conclure de nouveau, et avec plus de fondement encore, que le droit des hommes est plus connaissable, qu'il ne l'est même réellement que quand on le confond avec l'exécution du contrat social.

CONCLUSION.

DANS cette seconde partie, j'ai indiqué les véritables caractères, ou les propriétés nécessaires du Droit Humain. J'ai dit, d'après l'aveu direct ou indirect des auteurs qui en traitent, et surtout, d'après la nature des choses, que les actions de ce droit devaient être électives, libres, utiles, justes, obligatoires, méritoires, équitables, politiques, dues, créditives, légales, nues et connaissables. J'ai prouvé que ces qualités conviennent parfaitement aux actions, au moyen desquelles s'exécute le contrat de société générale parmi les hommes, dont j'ai démontré l'existence et la réalité dans la première partie. J'ai fait plus : j'ai démontré que ces mêmes qualités ou caractères, ou ne convenaient point du tout, ou convenaient moins bien aux actions du droit, tel que le conçoivent et l'enseignent nos auteurs. D'où maintenant je conclus, qu'il n'est pour les hommes d'autre droit que l'exécution de leur contrat de société, et qu'ainsi j'ai rempli la tâche que je m'étais proposée, celle d'indiquer le véritable et unique fondement de la science pratique, ou du droit des hommes.

FIN.

TABLE

DES PARTIES ET DES CHAPITRES.

SECONDE PARTIE.

FIN DE LA TABLE.

www.ingramcontent.com/pod-product-compliance
Ingram Content Group UK Ltd.
Pitfield, Milton Keynes, MK11 3LW, UK
UKHW021135260726
13994UKWH00001B/143

9 782329 252629